全集

伝え継ぐ　日本の家庭料理

魚のおかず

地魚・貝・川魚など

（一社）日本調理科学会　企画・編集

はじめに

日本は四方を海に囲まれ、南北に長く、気候風土が地域によって大きく異なります。このため各地でとれる食材が異なり、その土地の歴史や生活の習慣などともかかわりあって、地域独特の食文化が形成されています。地域の味は、親から子、人から人へと伝えられていくものですが、食の外部化が進んだ現在ではその伝承が難しくなっています。このシリーズは、日本人の食生活がその地域ごとにはっきりした特色があったとされる、およそ昭和35年から45年までの間に各地域に定着していた家庭料理を、日本全国での聞き書き調査により掘り起こして紹介しています。

このシリーズでは、魚介類のおかずを2冊にまとめます。本書では、比較的限定された地域で親しまれてきた〝地魚〟とでもいうべき魚を集めました(*)。漁場は真水と海水が混ざる河口、干潟や岩場、海底や深海など多様で、それぞれの環境に適応した魚や貝が棲んでいます。地元では当たり前でも、他県では聞いたこともないものがたくさんあるでしょう。

鮭とたらは北・東日本では重要な魚で、捨てるところなく食べ尽くす料理が伝えられています。かれいのように一般的な魚も、とりわけ好む地域があり、ご当地自慢の料理として登場します。水田稲作と結びつき、古くから利用されてきた鯉やふなや川えびなど淡水魚類の料理も収めました。日本の水産物利用の豊かさがわかります。ただ、田んぼや川、湖の環境が変わり、なかなか手に入らない魚も多くなっています。海でも記録的な不漁が続いたり、原発事故の影響で使いにくくなっているものもあります。ここに記録した料理が、１００年後もつくられ食べられていることを願ってやみません。

聞き書き調査は日本調理科学会の会員が47都道府県の各地域で行ない、地元の方々にご協力いただきながら、できるだけ家庭でつくりやすいレシピとしました。実際につくってみることで、読者の皆さん自身の味になり、そこで新たな工夫や思い出が生まれれば幸いです。

２０２０年5月

一般社団法人 日本調理科学会 創立50周年記念出版委員会

＊既刊『魚のおかず　いわし・さばなど』では、ぶりやかつお、さんまなども含めて日本近海を回遊し比較的広く食べられてきた魚の料理をまとめました。また、魚介類を使った料理はご飯物や麺、汁もの、佃煮や行事食などのテーマでもたくさん登場します。

目次

〈沖合でとれる魚〉

〈貝・うに・ほや〉

〈川魚・川えび〉

イラスト／武藤良子（目次、p120、122）

凡例

◎「著作委員」と「協力」について

「著作委員」はそのレシピの執筆者で、日本調理科学会に所属する研究者です。「協力」は著作委員がお話を聞いたり調理に協力いただいたりした方(代表の場合を含む)です。

◎ エピソードの時代設定について

とくに時代を明示せず「かつては」「昔は」などと表現している内容は、おもに昭和35～45年頃の暮らしを聞き書きしながらまとめたものです。

◎ レシピの編集方針について

各レシピは、現地でつくられてきた形を尊重して作成していますが、分量や調理法はできるだけ現代の家庭でつくりやすいものとし、味つけの濃さも現代から将来へ伝えたいものに調整していることがあります。

◎ 材料の分量について

・1カップは200mℓ、大さじ1は15mℓ、小さじ1は5mℓ。1合は180mℓ、1升は1800mℓ。

・塩は精製塩の使用を想定しての分量です。並塩・天然塩を使う場合は小さじ1=5g、大さじ1=15gなので、加減してください。

・塩「少々」は親指と人さし指でつまんだ量(小さじ1/8・約0.5g)、「ひとつまみ」は親指と人さし指、中指でつまんだ量(小さじ1/5～1/4・約1g)が目安です。

◎ 材料について

・油は、とくにことわりがなければ、菜種油、米油、サラダ油などの植物油です。

・濃口醤油は「醤油」、うす口醤油は「うす口醤油」と表記します。ただし、本書のレシピで使っているものには各地域で販売されている醤油もあり、原材料や味の違いがあります。

・「砂糖」はとくにことわりがなければ上白糖です。

・「豆腐」は木綿豆腐です。

・味噌は、とくにことわりがなければ米麹を使った米味噌です。それぞれの地域で販売されている味噌を使っています。

・単に「だし汁」とある場合は、だしの素材は好みのものでよいです。

◎うま味と旨みの表記について

本書では、5つの基本味のひとつ*である「うま味(Umami)」と、おいしさを表現する「旨み(deliciousness):うまい味」を区別して表記しています。

*あとの4つは甘味、酸味、塩味、苦味。

計量カップ・スプーンの調味料の重量(g)

	小さじ1 (5mℓ)	大さじ1 (15mℓ)	1カップ(200mℓ)
塩(精製塩)	6	18	240
砂糖(上白糖)	3	9	130
酢・酒	5	15	200
醤油・味噌	6	18	230
油	4	12	180

鮭・たら

秋になると生まれ故郷の川に産卵に帰ってくる鮭と、冬になると大きな白子や卵を抱えて大量に水揚げされるたら。どちらも地域の大切な食材であると同時に、干したり塩漬けにして、海から離れた内陸部や遠く九州までも伝わりました。

石狩鍋

〈北海道〉

石狩鍋とは鮭を使った味噌味の鍋のことです。かつて石狩川河口は、秋になると産卵のために川に戻る鮭が押し寄せ、明治時代には地曳き網漁で100万匹以上の鮭が捕獲されていました。漁夫のまかない食でもあった塩味のアラ汁(三平汁)がやがて醤油味や味噌味の台鍋として親しまれるようになり、昭和20年代末におこった地曳き網漁観光ブームをきっかけに味噌味のものについては「石狩鍋」と呼ばれるようになりました。

北海道の家庭では生の鮭を丸ごと1本もらうことも多く、身とアラを使って石狩鍋をつくります。必ず入れるのはキャベツと玉ねぎ。白菜ではなくキャベツを使うのは、明治時代、北海道ではキャベツが他府県に先がけて早くから栽培されていた経緯があるからです。最近はバターや牛乳を入れたり、いくらを添えたりするものもありますが、昔も今も石狩鍋には地元の材料のおいしさが詰まっています。そして最後にふる粉山椒の香りが、おいしさを引き立てます。

協力＝高橋セツ子
著作委員＝宮崎早花、菊地和美

＜材料＞4人分

サケ(切り身、アラ、頭)…計200g
昆布…10㎝長さ
水…8カップ
酒…大さじ2
椎茸…4枚
長ねぎ…1本
キャベツ…3枚(200g)
玉ねぎ…1/2個
にんじん…1/2本
大根…厚さ3㎝(150g)
春菊…80g
豆腐…1/2丁(200g)
突きこんにゃく…80g
A ┌味噌…80g
　 │みりん…大さじ2
　 └酒…大さじ2
粉山椒…適量

サケは身とアラを湯通しして使う。キャベツを入れるのが特徴

＜つくり方＞

1 サケの切り身、アラ、頭をぶつ切りにし、沸騰したお湯にくぐらせて氷水にとる。
2 鍋に昆布を敷き、アラと頭、水、酒を加えて火にかける。アクをとりながら、火が通るまで炊く。
3 椎茸は飾り包丁を入れ、ねぎは1㎝厚さの斜め切り、キャベツはざく切りにする。玉ねぎは1.5㎝幅の半月切り、にんじんは5㎜厚さに切って花型に抜く。大根は5㎜幅のいちょう切り、春菊は長さを半分に切る。
4 豆腐は12等分に切る。突きこんにゃくは熱湯で洗い、食べやすい長さに切る。
5 Aの調味料を合わせておく。
6 2の鍋に、5の2/3量を入れ、サケの身と、春菊以外の材料を加える。
7 煮立ったら弱火にし、春菊と残りの調味料を加えて味を調える。
8 各自とり分けて、粉山椒をふって食べる。

撮影／高木あつ子

〈青森県〉

鮭とたけのこのすし

塩鮭と根曲がり竹をご飯と一緒に漬けたすしです。津軽地方の年越しと正月に欠かせない一品で、これがないとさびしい正月になるといいます。1カ月間かけて発酵させているため、ご飯に鮭のうま味が移ると同時に鮭にご飯の甘味が移っており、なんともいえない芳醇な味で、酒の肴にも喜ばれます。鮭の身はしっとりとやわらかく、根曲がり竹のコリコリとした食感がアクセントになっています。

すしを仕込むときに笹を使うのは笹の葉の抗菌作用を利用するためです。年末に鮭のすしをつくるために、根曲がり竹は春にとって水煮にして瓶詰めに、笹も初夏から夏にかけて青いものを冷凍してとっておきます。

沿岸部の今別町では、鮭だけでなくかわはぎや鯖、いか、さめなどの魚をうるち米のご飯に漬けます。一方、内陸部では鮭のすしは正月限定のごちそうで、塩鮭を酢で白くなるまでしめてからもち米のご飯に漬けます。どちらも米をたっぷり使うのが特徴で、豊かな穀倉地帯ならではです。

協力＝阿部よしゑ、相内ヨシコ
著作委員＝北山育子

<材料> 20ℓ桶1桶分

塩ザケ（銀鮭）…1尾（1.6kg）
うるち米…1升（1.5kg）
水…2ℓ
根曲がり竹（水煮）…300g
にんじん…中2本（400g）
しょうが…150g
ナンバ（赤唐辛子）…4本（5g）
塩…100g
酒…3と1/2カップ

笹の葉40枚

<つくり方>

1 塩ザケは三枚におろし、身を1.5cm厚さのそぎ切りにし、2日間水を替えながら、少し塩分が残る程度に塩抜きする。ザルにあけて水けをしっかりときる。
2 米を分量の水でかために炊く。
3 根曲がり竹は1本を7cm長さの斜め切り、にんじんは4cm長さのせん切り、しょうがは3cm長さのせん切り、ナンバは小口切りにする。
4 にんじん、しょうがを**2**の飯に加えて混ぜ、冷ます。にんじんは熱い飯に混ぜることで軽く熱が入り、しんなりする。
5 **4**に酒1/3量と塩を加えて混ぜる（写真①）。
6 笹は熱湯にくぐらせる。
7 樽に笹を15枚ほど敷き、その上に手に残りの酒をたっぷりとつけながら**5**の飯の1/5量弱を詰める。
8 塩ザケを重ならないように並べ（写真②）、根曲がり竹、ナンバをまんべんなく散らす（写真③）。それぞれ使うのは全体の1/4量程度。手に酒をつけながら**5**の飯の1/5量弱を空気が入らないように押さえながら詰める（写真④）。
9 **8**を3回繰り返す。最後は多めに残した**5**の飯を全部入れて押さえ、飯で蓋をするようにする。
10 残りの笹の葉を樽と飯の間に差し込みぐるりと囲う。笹はそのまま中央に向けて折りたたみ、飯の表面を笹でおおうようにする（写真⑤）。押し蓋をし、6kgの重しをする。車庫や物置きなど温度が5〜10℃になる光の当たらない場所におく。
11 1〜2日ほどたち、空気が抜けてすしが落ち着いてきた3日目からは2倍の重しをする。そこから10日ほどで汁が上がってくる。そのまま20日ほどおく。
12 汁をそっと捨ててから重しと押し蓋をとって笹の葉を開き、中の飯と塩ザケを皿に盛りつける。残った分は再度笹の葉でおおってから押し蓋と重しをしておく。

①

②

③

④

⑤

撮影／五十嵐公

〈福島県〉
紅葉漬け

紅葉漬けは、産卵のために秋、阿武隈川を遡上してきた鮭を米麹と一緒に塩漬けしたものです。漬けこむ時期が紅葉の時期と重なるからついた名前だとも、鮭の身が紅葉のように色づいているためについた名前だともいわれています。

紅葉漬けの鮭の身はやわらかく、強い塩気のなかにも米麹の甘さと鮭のうま味が感じられます。遡上して真水を飲んだ鮭は味が落ちるといいますが、紅葉漬けにすることで生魚をおいしく長期保存することができるのです。以前は生の鮭を薄切りか角切りにしたものにたっぷりの塩と米麹を混ぜ合わせて2〜3カ月間ねかせ、正月に食べていました。裕福な家庭では、紅葉漬け用のかめがあり、秋になると魚屋に持ちこんで鮭を漬けこんでもらい、正月用に届けてもらっていたそうです。

今回は漬けて一晩で食べられるよう甘酒と同じ要領で麹床をつくる方法を紹介しました。他にも塩麹を使う方法やするめや数の子を入れるものなど家庭ごとにさまざまな紅葉漬けがあります。

協力＝堀江敏子　著作委員＝津田和加子

撮影／長野陽一

＜材料＞ 5〜6人分

生食用のサケ（サク）…250〜300g
塩…5〜6g
好みでイクラ…30〜50g
麹床
- 米麹（乾燥）…200g
- 水…1と1/2カップ
- 酒…1/2カップ
- 塩…15g程度

＜つくり方＞

1. サケはサクのまま両面に塩をまぶし、一晩冷蔵庫に入れておく。
2. 麹床をつくる。ほぐした米麹を炊飯器に入れ、水と酒、塩を加え、塩が溶けるように混ぜる。
3. ぬれた布巾を釜にかけ、保温モードで55〜60℃を保つように蓋を少し開け、8時間おく。できあがった麹床はやわらかく炊いたご飯とお粥の中間くらいのかたさになる。しばらくおき完全に冷ます。
4. 1のサケの余分な水分をペーパータオルでふきとる。縦半分に切り、さらに0.8〜1cm厚さに切る。
5. 密閉容器やかめに入れた麹床に、4のサケを和えるようにして漬けこむ。好みでイクラを加える。漬けこんで一晩で食べることができる。冷蔵庫で1週間、冷凍庫で3カ月を目安に食べきる。

撮影／高木あつ子

〈群馬県〉

鮭の粕煮

＜材料＞ 4人分

塩ザケ…4切れ（320g）
酒粕…100g
水…1と1/2カップ

＜つくり方＞

1 塩ザケを鍋に並べ、その上に酒粕をちぎってのせる。
2 分量の水を加え、アルミホイルを落とし蓋にして、さらに鍋の蓋をして弱火で20分ほど煮る。
3 塩ザケにより塩加減が違うので、味見して足りないようならば、塩（分量外）で味を調える。
4 皿に盛り、酒粕入りの煮汁をかける。

内陸の群馬県では、魚料理は鮎ややまめなどの川魚を利用するか、魚屋から干し魚や塩魚を購入して食べてきました。生の海魚は、行商の魚屋から購入するまぐろの刺身を食べる程度で、これは無塩（ぶえん）（新鮮な生の魚の意味）と呼ばれました。群馬県人がまぐろが大好きなのは、こんなところに理由があります。

塩鮭は年取り魚として、どこの家でも年末に購入したりもらったりしました。塩鮭は土間につるしておき、それを少しずつ切って焼いて食べます。切って粕漬けにしておくこともありました。

「塩引き」と呼ばれるように昔の塩鮭は塩が強いので、粕煮にするときは薄い塩水につけて塩出ししてから使います。粕煮は魚の生臭さもなく、体が温まります。調理も簡単なので日常の料理として好まれ、いちょう切りした大根と一緒に煮ることもありました。県東部では2月最初の午（うま）の日に、残った塩鮭のアラと炒り大豆、大根を酒粕で煮こみ、「しもつかれ」をつくりました。

協力＝高岸裕代
著作委員＝綾部園子

〈新潟県〉

塩引き鮭

県の最北端に位置する村上市には多くの川が海に注いでおり、秋から初冬にかけてたくさんの鮭が遡上してきます。なかでも三面川（みおもてがわ）は、江戸時代に世界で初めて鮭の自然孵化増殖が行なわれた川です。

昔は、冬になると家々の軒下に何本も塩引き鮭が下がったものでした。寒風にさらすことで乾燥させつつ適度に熟成させることができ、生とは違うおいしさです。雌は卵に栄養をとられるため、雄の方がおいしいとされます。また、川でとれた鮭は、海でとれる鮭より脂が抜けて塩引き鮭に向くとされてきましたが、今は保存技術が発達して海の鮭もよく使います。

村上では鮭は大晦日に食べる年取り魚であり、特別な魚です。子どもがザッコ（雑魚）すくいで遊んでも、鮭の子はとってはいけないことはみんな知っていました。

鮭の胸ビレを含む部分を「一鰭（いちびれ）」と呼びます。もっとも大切な部分で、正月には神様にお供えしたあと、一家の主がいただくという習慣がありました。

協力＝本間キト、本間久一
著作委員＝伊藤直子、玉木有子

＜材料＞つくりやすい分量

サケ（雄）…1尾
塩…サケの重量の7〜10％

＜つくり方＞

＊4までの作業では軍手をつけるとよい。

1 サケの表面のなじ（ぬめり）を竹べらや包丁などで、頭から尾ビレに向かって丁寧に除く（写真①）。
2 エラブタから包丁を入れて、エラをとり除き（写真②）、下あご、上あごの中に切れこみを入れる（塩を浸透しやすくするため）（写真③）。
3 サケの尻穴から包丁を入れ、頭の方向に腹を割く。村上では腹ビレと胸ビレの間を1カ所、2〜3cmほど切らずに残す。これを二段腹・二ツ腹・止め腹などという（写真④）。
4 内臓をとり出す。背骨の裏に張りついている血腸（ちわた）（腎臓）もスプーンなどできれいにこそげとる。全部とり出したら流水できれいに洗う（写真⑤）。
5 タオルなどを使って水けをよくふきとる。水けが残ると塩がのらない。
6 サケ全体に塩をすりこむ。まずヒレに塩をすりこみ、次に側線（そくせん）に沿って塩をまき、尾ビレから頭に向かい、ウロコに逆らって丁寧に塩をすりこむ（写真⑥）。とくに目は腐りやすいので目の裏側にもたくさんの塩を入れる（写真⑦）。腹の内側にもしっかり塩をする（写真⑧）。
7 半切りや発泡スチロールなどの容器に入れ、約1週間塩漬けにする（写真⑨）。途中で魚体の上下を返す。
8 流水につけて5〜15時間塩抜きをする。かたくなっていたサケが、表面をさわってみて、元のような弾力に戻っていればよい。
9 塩抜き直後は表面が白っぽくなっている。竹ベラなどでこすって元のサケの肌のような銀色っぽい色になるまで磨くように洗う。ぬめりが出れば、1と同様に頭から尾ビレに向かってぬめりをそぎ落とす。
10 水けをよくふき、腹を割りばしなどで開いて、風が通りやすいようにする（写真⑩）。尾ビレのつけ根に縄を結び、寒風の当たる日陰の風通しの良いところに吊るす。
11 1週間から10日干すとできあがり。塩引き鮭としてやわらかい状態で食べるには、腹の部分が乾きすぎない程度でよい。さらに数カ月かけて干すと、乾燥してかたくなり長期保存が可能となる。
12 三枚におろし（写真⑪）、身は3cmくらいのそぎ切りにして焼く。切り分けてラップをして冷凍すると、ほどよいやわらかさで食べられる。

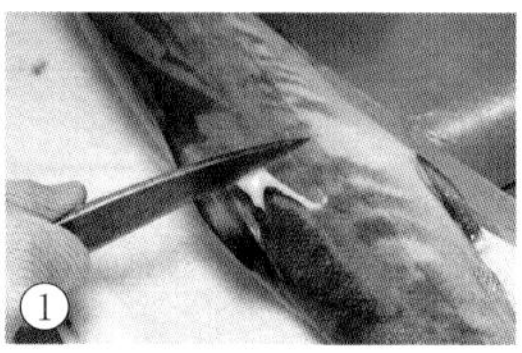
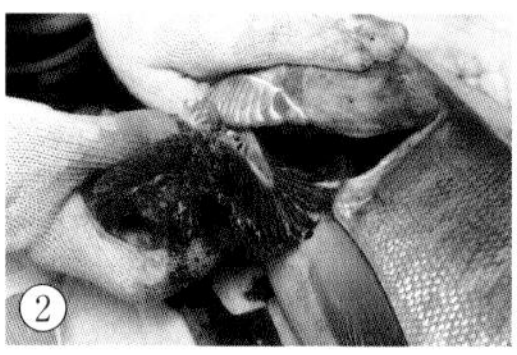
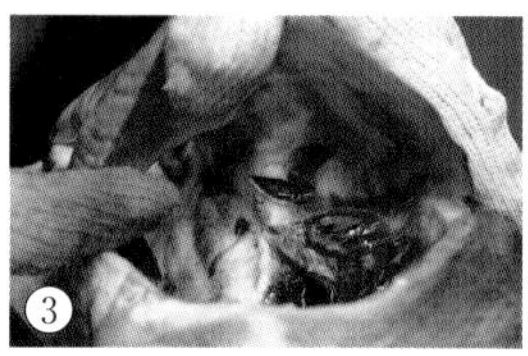
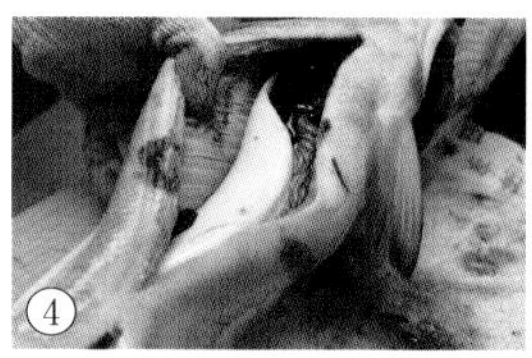
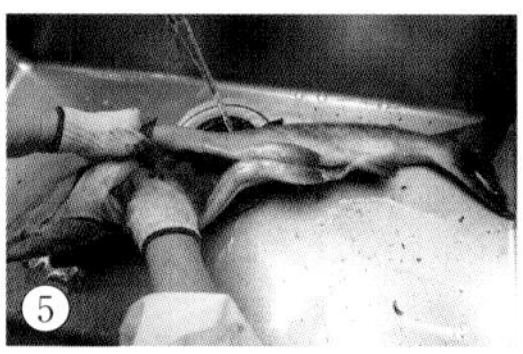
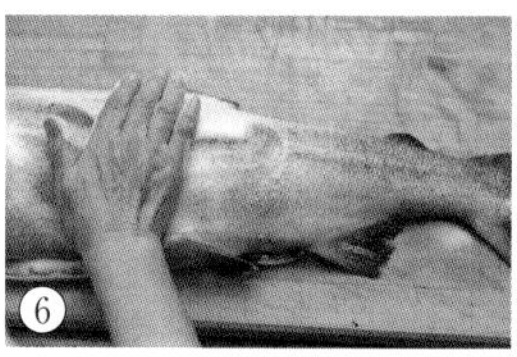
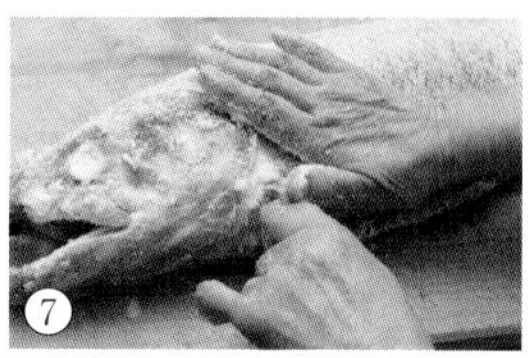

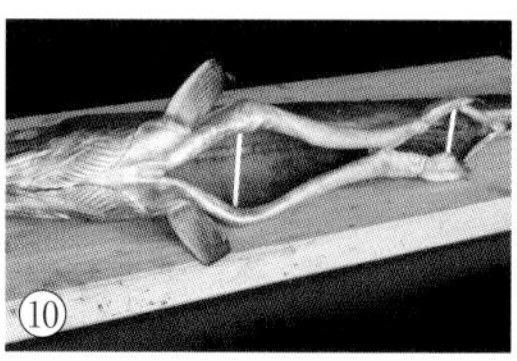

「一鰭」を焼いたもの

撮影／高木あつ子

〈新潟県〉
子皮煮（こかわに）

すり身には中骨に残った身もこそいで使い、身をはずした中骨や皮もゆでてだし汁に利用します。ゆでた皮も刻んですり身に加え、そこにはらこ（いくら）が加わると、鮭を余すところなく食べつくす代表的な料理となります。はらこは火を通すと弾力が増すので、冷凍したものでもいいのです。

すまし汁に色合いの美しいしんじょが入ることで、豪華なおもてなしの料理として喜ばれます。やわらかいしんじょの中に、つぶつぶとした食感のはらこがアクセントとなり、鮭のおいしさが丸ごと味わえる料理です。

三面川を遡ってくる鮭は脂が少なく身はかたいですが、すり身におろした長芋を加えると、ふわっとした食感のしんじょになります。脂がのっている鮭ではすり身を丸めることが難しいこともありますが、そんなときはすり流し汁にしてもおいしいものです。鮭は捨てる部位がなく、鮭の質によってはつくり方を加減して、おいしく工夫することが大切なのです。

協力＝本間キト
著作委員＝玉木有子、伊藤直子

撮影／高木あつ子

＜材料＞4人分

生サケ（切り身）…400g
長芋…少々
味噌…小さじ1
塩…小さじ1/2
はらこ（イクラ）…大さじ2（約30g）
だし汁*または水…4〜5カップ
┌ 醤油…大さじ1と1/2
│ 酒…大さじ1
└ 塩…小さじ1
せりまたは三つ葉…少々

*かつお節、昆布とかつお節、鮭の中骨のだしなど好みで。

＜つくり方＞

1 サケは皮をそいで（写真①）身を粗く刻む。骨はとり除く。
2 1でそいだ皮をだし汁または水でさっとゆで、細かく刻む。煮汁は残しておく。
3 1の身と2の皮をすり鉢でよくする。フードプロセッサーを用いてもよい。
4 3のすり身のつなぎにおろした長芋を加える。さらに味噌、塩を加えて粘りが出るまでよく混ぜる。かたさは2の煮汁を用いて調整し、はらこを加えて軽く混ぜる（写真②、③）。
5 煮汁を再度煮立て、その中に4を4等分して丸めたしんじょを落とす。4がやわらかい場合は木べらなどにのせて、ひと口大に摘み入れる。
6 しんじょが浮いてきたら、ひと煮立ちさせて煮汁に調味料（醤油、酒、塩）を加えて、すまし仕立てに味を調える。
7 椀に盛り、仕上げに刻んだせりや三つ葉を散らしてできあがり。

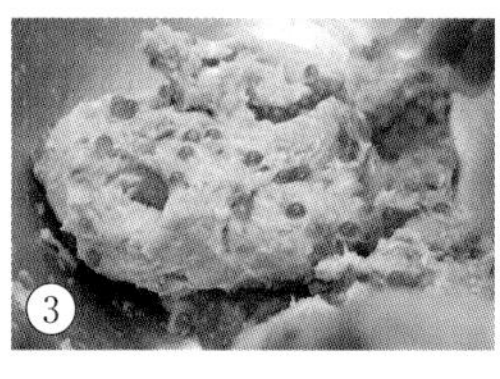

新潟・村上の鮭漁と鮭料理

村上市の三面川では、遡上してくる鮭を柵で誘導して一括で捕獲する他、3艘の小舟で鮭を追い立てながらとる伝統漁法の居繰網漁や、大きな釣り針を投げて鮭を引っかけるテンカラ漁なども見ることができます。

村上で100種類以上あるといわれる鮭料理の一部を紹介します。

江戸時代から伝わり、三面川だけに残る伝統漁法「居繰網漁」。2艘の舟で網を張り、1艘が鮭を追い立てる

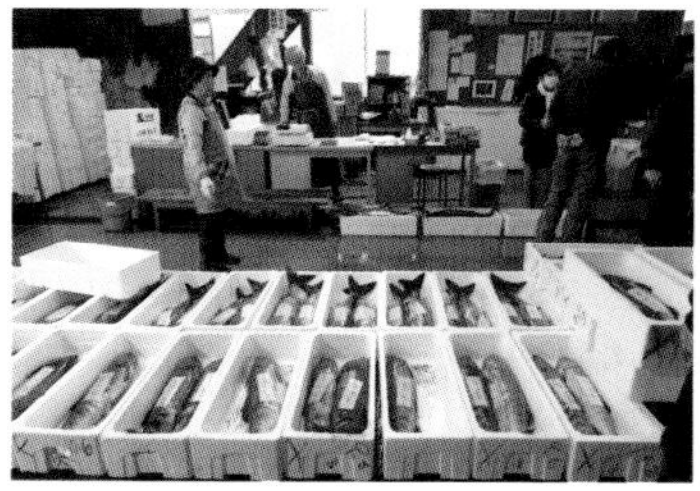

販売所では今とれたばかりの鮭が並ぶ。地元の住民も観光客も開店前から並んで待っている

氷頭なます

氷頭（鼻先の軟骨部分）を薄切りにして酢じめにし、三杯酢と大根おろしで和えたもの。はらこやゆずを添える

どんがら煮

どんがら（中骨）を砂糖と醤油と酒でやわらかくなるまで長時間煮たもの。生でも塩引きでもつくられる

飯鮨

なれずしの一種。麹で発酵させた飯に塩引き鮭、はらこ、大根、にんじん、ゆずなどを漬けこんだもの。大晦日から正月にかけてのごちそうの一つ

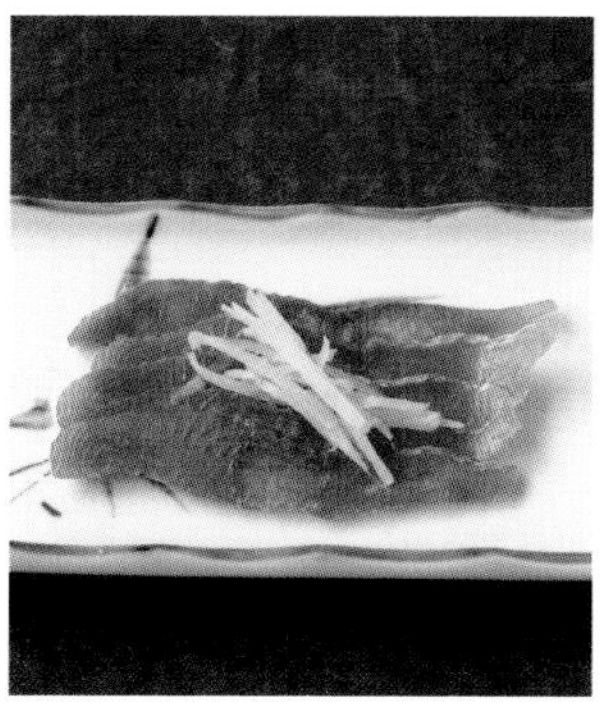

鮭の酒びたし

7月の村上大祭頃まで乾燥熟成させた鮭を薄くスライスして酒やみりんにひたしたもの。今は真空パックで通年手に入る

協力=本間キト、三面川鮭産漁業協同組合　著作委員=伊藤直子、玉木有子　撮影/高木あつ子

〈北海道〉

たらこ和え

生のたらこを太めの突きこんにゃくと一緒に炒り煮した、たらこのプチプチ感がおいしい、北海道ではおなじみの家庭料理です。

北の海に生息するたらは、真だら、すけとうだらともに、古くから北国の人びとに親しまれてきました。真だらの身は、たらちりや、たら三平などの汁ものにしたり、たち（白子）は、湯通しをしてポン酢をかけたり（たちぽん）、天ぷら、たち汁にしたりします。すけとうだらは、身はかまぼこの原料のすり身にすることが多く、卵巣は、たらこや辛子明太子に加工されます。大量に漁獲されたたらは、寒風で干して保存しました。

たらこ和えは真だらの子でもすけとうだらの子でもつくりますが、すけとうだらの水揚げ量が日本一の釧路市では、すけとうだらを使います。ここに、だしをとったあとの昆布を細く切って加えたり、にんじんや大根、凍み豆腐やあしらいの緑の野菜を入れたり、また若い人向けにはバターを使う家庭もあるそうです。

協力＝塚田杜旨子
著作委員＝菊地和美、村上知子

撮影／高木あつ子

<材料> 4人分

たらこ（スケトウダラの子）
…1腹分（150g）
突きこんにゃく…200g
昆布…10g
水…1/2カップ
A
醤油…大さじ1と1/3
酒…1/4カップ
みりん…1/2カップ弱（80mℓ）
砂糖…大さじ1

生のたらこ（スケトウダラ）。真ダラの子でつくることもある

<つくり方>

1 昆布をさっと洗い、分量の水につけておく。
2 たらこをさっと洗い、包丁で縦に切れ目を入れる。箸を使って、たらこの中の卵をしごくように皿に出してほぐす。皮はとっておく。
3 突きこんにゃくはゆがいて、ざく切りにする。
4 1の昆布をはさみで適当な長さに細く切り、浸しておいた水とともに鍋に入れ加熱する。煮立ったらAを入れ、再び煮立ったら3のこんにゃくを加える。
5 こんにゃくに調味料の色がついたら、ほぐしたたらこを入れ、皮も刻んで入れる。
6 箸でかき混ぜながら、汁けがなくなるまで炒め煮をして、たらこでこんにゃくや昆布を和えるように仕上げる。

◎好みで七味唐辛子をふる。

〈北海道〉
棒だらの煮つけ

棒だらはたらの干物で、北海道ではたくさんとれて安いすけそ（すけとうだら）がおもに利用されます。たらを寒風にさらして寒干しすると、うま味が凝縮され長期保存もできます。現在も海沿いの地域では軒下や干し網の中に干されており、スーパーでは冷凍品が1本100円前後で売られています。

カチンカチンにかたい棒だらも、皮の上からたたくと皮がはがれやすくなり、身もほぐれ、むしって食べられます。当時はなぜか長さ20cmほどの非常に重い鉄道レールが土間の隅にあり、のせて金づちでたたく台として重宝していました。煮物にするときは水で十分に戻すと、その後の調理にそれほど時間はかかりません。今は圧力鍋を利用すると太い骨まで食べられるようになります。

小樽市に住む90歳代の女性の話では、母親が好きでよく食卓に上っていたそうです。子どもの頃、好んでは食べなかったのですが、大人になってその素朴なおいしさがわかり、母親を思い出しながらつくっているとのことです。

協力＝山﨑圭子　著作委員＝土屋律子

撮影／高木あつ子

<材料> 4人分

棒だら…小1尾（頭つき100g）
水…1カップ
酒…大さじ1
みりん…小さじ2
醤油…大さじ1
砂糖…小さじ1
しょうが…5g

スケトウダラの棒だら。腹を裂いて内臓をとり除き、血わたを洗い流したのち干す

鉄道のレールにのせて棒だらをたたく。レールは打ち豆づくりや、家で飼っている鶏の餌に混ぜる貝殻を砕くためにも使っていた（撮影／土屋律子）

<つくり方>

1 棒だらは、米のとぎ汁（分量外）に一昼夜つけてやわらかくする。指で押すと魚肉に弾力があり、芯がなくなるまで十分に戻す。
2 頭をとり除き、腹部や皮をたわしや歯ブラシなどでこする。皮に浮いている小さいウロコをきれいにし、3〜4cm幅のぶつ切りにする。
3 分量の水に2としょうがの薄切りを加えて、蓋をして中火で15〜20分煮る。
4 煮汁がひたひたになったら調味料をすべて加え、蓋をして弱火で20〜30分、汁がなくなるまで煮る。途中、上下を返して全体に味を含ませる。
5 しょうがも一緒に器に盛る。

◎調味料を加えてから圧力鍋で煮ると、15分ほどで太い骨までやわらかくなる。

◎冷蔵庫で1週間ほど保存できる。時間がたった方が味がなじんでおいしい。

〈石川県〉

白子の酢の物

真だらのオスの白子（精巣）は「だだみ」と呼ばれます。新鮮な白子が手に入ったら、まずは酢の物。ひやりとして甘く、まったく臭みのない濃厚でクリーミーな味は白子好きにはたまりません。白子そのものがおいしいので味つけは最小限でいいのです。天ぷらや鍋もおいしいものです。ときには小さめでまだ張りの十分でない未熟な白子もありますが、それも汁ものや鍋にすると旨みが出て上品なやさしい味わいになります。

金沢市内では、以前は12月になるとスーパーや近江町市場にオス・メスの真だらが並び、1尾を買いこんで料理しましたが、近年は正月でも1尾丸ごと買う光景はあまり見られなくなりました。今では白子だけ、真子（卵巣）だけといった部位ごとの売り方も多くなっていますが、煮つけや昆布じめにする半身のたらや、鍋や汁によいだしの出る残（アラ）なども店頭をにぎわせて手頃な値段で売られており、たらを余すところなく食べる文化は健在です。

著作委員＝中村喜代美、川村昭子、新澤祥惠

＜材料＞4人分

白子…300g
酢…大さじ4
しょうが…10〜20g

＜つくり方＞

1 白子は塩水（分量外）で洗って、適当な大きさに切る。
2 しょうがは針しょうがにする。
3 白子がかぶるくらいの酢をかけて盛りつけ、針しょうがを天盛りにする

◎酢だけでもおいしいが、好みで醤油を適量かけてもよい。

◎昆布だしを温め白子を入れ、3〜4分後に白子が浮き、あくをとったあとに調味し火を止め、小口切りのねぎを散らせば旨みの強いすまし汁になる。

1月、金沢市の近江町市場にて。白子の量り売り

1尾丸ごと売っている刺身用白子タラ

真子（マダラの卵巣）は1腹ずつパックで売られる

真子入りのタラの1尾売り

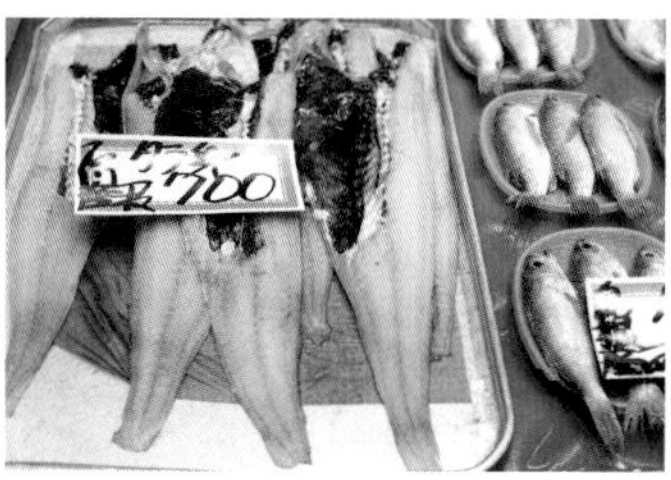

白子や真子をとったあとのタラの身だけも売っている

「たら残」はアラのこと。よいだしが出る

手前／白子の酢の物　奥／白子のすまし汁

撮影／長野陽一

〈石川県〉

真子煮（まこに）

石川では真だらの真子（卵巣）を「たらこ」といいます。全国的にはすけとうだらの卵巣の塩漬けを「たらこ」といいますが、それは石川では「もみじこ」と呼びます。

真子は12月上旬から2月上旬が旬で、卵の旨みやもちもちとした食感が楽しめます。この時期を過ぎると粒が大きくなり、ざらざらとした食感になり、味が落ちるのです。

真子煮は大ぶりなたらこをまるごと昆布で包み、甘辛い煮汁でじっくりと煮ては冷ましてまた煮含めるという手順で2～3日かけて煮上げる料理です。中心部まで火が通ってかたまり、輪切りにするときれいです。噛みごたえもよく、味もしっかりしみています。よいたらこが手に入ったときにつくりますが、おせち料理にも入れます。ほぐして「子づけ」（ページ下部参照）にも使えます。

あらかじめたらこを切ってから煮ると早くできます。味つけは同じですが、食感はかなり違います。口の中ですぐほどけてふんわりとやさしく、これもおいしいものです。

著作委員＝中村喜代美、川村昭子、新澤祥惠

撮影／長野陽一

＜材料＞4～8人分

タラの真子…1腹（約400g）
昆布*…15～25cm
かんぴょう…約60cm
水…4カップ
醤油…大さじ4
砂糖…50g
酒…大さじ3

*魚の昆布じめに用いる「広巾昆布」を使用。

＜つくり方＞

1. 真子を水につけやわらかくした昆布で巻き、かんぴょうで結ぶ。
2. 水に調味料を加えて煮立て、真子を入れる。弱火で30分～1時間ほど煮て、そのままおく。半日から1日たったら再び同様に煮る、これを2～3回繰り返して味を含ませるようゆっくり煮こむ（写真①）。
3. 真子を昆布からはずして、約1cmの厚さに切って盛りつけ、小さく切った昆布を添える。

◎たらの子つけ。軽く塩でしめたタラの身に、だし汁と塩と酒でゆでて、ほぐしてから炒りした真子をまぶす。真子煮をほぐしてまぶしてもよい。酒・うす口醤油・みりん・梅干しを煮つめた煎り酒を添える。

◎真子を2cm程度に切ってから煮ると、卵が弾けて「花が咲く」。鍋に昆布を敷き、水3カップ、醤油・酒各50mℓと砂糖50gを温め真子を入れ、落とし蓋をして弱火で20～30分コトコト煮つめ、最後は蓋をとり煮汁が約1/3になるまで味を含ませる。

撮影／長野陽一

＜材料＞4〜5人分

真ダラ…片身（約400g）
昆布*…100g
真子（真ダラの卵巣）…200g
水…1/2カップ
酒…1/4カップ
塩…5g
わさび、醤油…適量

*煮物用ではなくだし用昆布。富山では羅臼昆布を使う。

＜つくり方＞

1 真ダラはそぎ切りにして酒（分量外）で拭いた昆布ではさみ、1〜2晩、冷蔵庫でしめる。
2 鍋に水、塩、酒を入れて沸騰させ、真子を入れて、ほぐしながらゆでる。
3 **2**をザルにあげる。ペーパータオルやさらしを敷いておくと子が落ちない。皮をとり除いてバラバラになるようにほぐしながら冷ます。
4 **1**の真ダラを昆布からはがし、**3**を全体にまぶす。わさび醤油で食べる。

昆布じめの真ダラとゆでてほぐした真子

〈富山県〉

真だらの子づけ

昆布じめにした真だらの身に、ゆでてほぐした真だらの真子（卵巣）をまぶします。生の刺身とはひと味もふた味も違う、深いうま味が味わえます。

真だらは昆布じめにすると水分が吸われ、うま味が凝縮されます。さらに昆布のうま味も加わり、濃厚な味わいです。ぷりぷりと弾力が出て、真子のもちもちとした食感とともに楽しみます。今回、黒部市で教わったレシピでは真子は薄味で淡泊に仕上げていますが、富山市周辺では醤油と砂糖で甘辛く煮ることもあります。

富山湾は海岸からすぐに深海になる入り海で、たらがたくさんとれます。「雪の降る魚（鱈）」と呼んで一番おいしいのは冬。真だらもきだら（スケトウダラ）もとれますが、真だらはきだらより身がしまっているので昆布じめや子づけ、煮こごりなどに向きます。

日持ちしないたらは干して棒だらにし、うま煮や炒り煮にしました。冬場に海がしけて漁のない日が続くと重宝したものです。

協力＝能登麻美子、水白澄子
著作委員＝原田澄子、深井康子

〈佐賀県〉

たら煮しめ

焼き物の町・有田で夏祭りの「祇園（ぎおん）」やお盆の際によくつくられてきた料理です。2㎝ほどの長さに切ったすきみたらと昆布を甘辛く煮て、いわば昆布巻きのような味ですが、夏場の料理らしく少し酢を効かせています。

すきみたらは、たらの内臓や中骨を除き、塩漬けにしたあとに乾燥したもので、スペインやポルトガルにも同様の保存食があります。九州では、遠く北海道から運ばれてくるたらの干物を使った料理が夏の行事でよく出されたようです。

祇園は各地区の氏神様を祀（まつ）るお祭りで、神社ごとに行なわれてきました。町民はそれぞれの祭りを訪れ、たら煮しめやまんじゅうをつくってにぎやかに過ごしました。現在では宗教的な行事というよりも、暑い夏の夜を楽しく過ごす社交の場のような催しになっています。

たら煮しめは、佐賀県では有田だけでなく広くお盆の来客をもてなす料理としてつくられてきたようです。

協力＝小柳悦子、米原喬子、原口恭子
著作委員＝武富和美、副島順子

撮影／戸倉江里

＜材料＞4人分

すきみたら…100g
昆布（だし昆布）…40g
だし汁（かつお節）…3カップ
砂糖…大さじ7
醤油…大さじ1と2/3
みりん…小さじ2
酒…大さじ2
酢…小さじ1/4

＜つくり方＞

1 すきみたらは好みの塩加減になるまで、1時間以上水（分量外）に浸す。やわらかくなったら骨をとる。
2 昆布は洗って1㎝幅に切る。
3 昆布をだし汁でやわらかくなるまで中火で炊き、八分通りやわらかくなったら2㎝幅に切ったすきみたらを加えさらに煮こむ。
4 昆布とすきみたらが煮えたら、砂糖、醤油、みりん、酒、酢を加えて煮つめる。

河口や干潟、磯でとれる魚

海岸付近は川からの栄養分が豊富で、光がよく届く浅い海では海草・海藻もよく育ち、多様な環境に暮らす多彩な魚がとれます。釣りや小規模な網漁など古くからの漁場で、いわゆる磯臭さのある魚も季節や調理法を選んでおいしく食べてきました。

〈石川県〉
いさざの卵とじ

いさざとはシロウオのことで、ハゼ科の魚です。能登半島の中ほど、奥能登の入り口に位置する穴水町など限られた地区でのみとれます。早春に産卵のため川を遡上してくるので「春告魚（はるつげうお）」と呼ばれ、春祭りには欠かせません。

いさざは成長しても4cmほどで、細く透き通っています。川岸に沿って群れで泳いでくるため、通り道に壁をつくり、四つ手網へ誘導してとります。資源保護のために、せき止めて一網打尽にするような漁はしないのだそうです。かつては自由に漁ができましたが鑑札が必要になり、漁期も3月から5月までの3カ月ほどです。穴水町全体で、いさざ漁の漁師は約70人ですが、実際に漁をするのは10人ほど。家族がやっていた漁の権利と場所を受け継いで、この時期だけ漁師になる人が多いといいます。

いさざは生きたまま酢醤油につけて食べる「おどり食い」が有名ですが、家庭では卵とじや吸いものにして食べる方が多く、少しでもよいだしが出ます。

協力＝中村眞佐子、雁月
著作委員＝新澤祥惠、川村昭子、中村喜代美

＜材料＞4人分

イサザ…80g
- 酒…大さじ3
- 水…大さじ3

卵…4個
青菜*…1株（約40g）
椎茸…1枚（約20g）
- だし汁（昆布とかつお節）…1カップ
- 酒…大さじ1
- みりん…大さじ2
- うす口醤油…大さじ1

木の芽…適量

*小松菜、ほうれん草、能登の伝統野菜の中島菜など

＜つくり方＞

1. 青菜はゆでて細切りにする。椎茸は薄切りにする。
2. イサザは水の中にしばらく入れておく。
3. 鍋に酒と水を入れ火にかける。煮立ったらイサザを入れ蓋をして1〜2分蒸し煮にしてザルにあげる。
4. 鍋にだし汁と酒、みりん、うす口醤油を入れて火にかける。煮立ったら3のイサザを入れる。1の青菜と椎茸を入れて火を弱め、溶き卵を流しこんで、八分通り火が通ったら火を止め、器に盛って木の芽を添える。

4月、穴水町小又川の河口付近にて。イサザを四つ手網でとり、ひしゃくですくう

軽い口当たりのから揚げ。曲がるのは生きたまま揚げた証拠

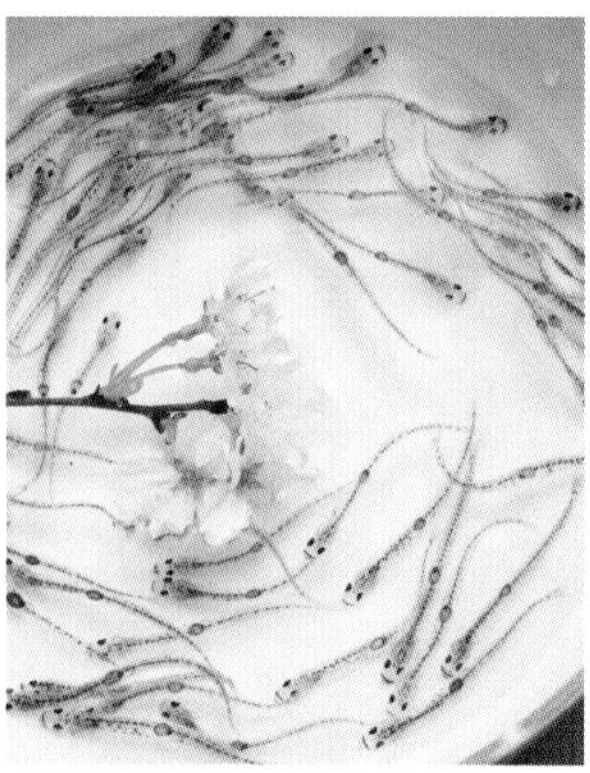

おどり食いの器の中を泳ぐイサザ

箸でつまんでたれにつけ、のみこむ

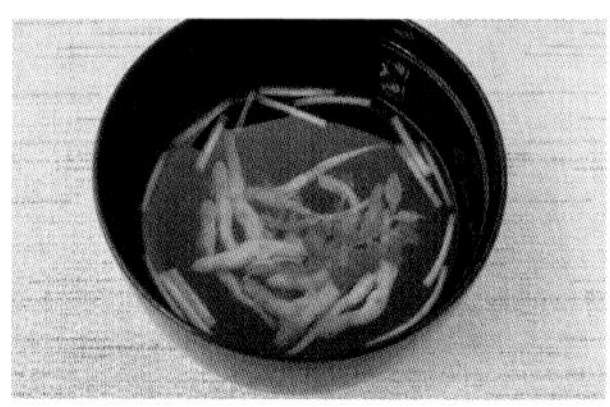

吸いもの。加熱するとヌルリとした食感に変化する

撮影 / 長野陽一

〈茨城県〉

ぼらの洗い

茨城町は県の中央部に位置し、水戸市の南に隣接しています。町の東端にある涸沼（ひぬま）は、満潮時に海水が遡上し、淡水と混じり合う汽水湖で、淡水魚から海と川を行き来する回遊魚など多種多様な魚が生育する自然豊かな湖です。釣り場として有名で、ヤマトシジミ、マハゼ、ウナギ、シラウオなどの漁場で漁業もさかんです。ぼらは、漁に出た船に飛びこんでくるというくらい、季節によっては大量にとれます。

あまり市場に出回らない魚ですが、茨城町を中心とした涸沼周辺では、夏から秋にかけて家庭で日常的に食べていました。洗いは、新鮮なぼらが手に入るこの地域ならではの料理です。泥臭いといわれ、あまり好まれない魚ですが、身を湯で洗ってから氷で引き締めると臭みがとれます。この一般的な「洗い」とは違う方法が、臭みをとるのに有効だと考えられます。今は家庭で料理することは少なくなりましたが、この調理方法なら釣りの際にもぼらを楽しめる、と地元の漁師が話してくれました。

協力＝長洲秀吉　著作委員＝石島恵美子

＜材料＞ 5〜6人分

ボラ…1尾*（1kg）
つま（大根のせん切り、パセリなど）
　…適量
醤油、わさび、酢味噌…適量

＜つくり方＞

1 ボラをよく洗う。
2 三枚におろし（写真①）、皮と骨をとり（写真②）、身を薄くそぐように切る（写真③）。
3 40〜50℃の湯で**2**を洗い、表面の脂分を手早く洗い流す。
4 **3**を氷水につけて、身がそったら、とり出して水をきる。
5 つまとともに、盛りつける。わさび醤油や酢味噌をつけて食べる。

*ボラの大きさは100g〜2kgと個体差がある。

撮影／五十嵐公

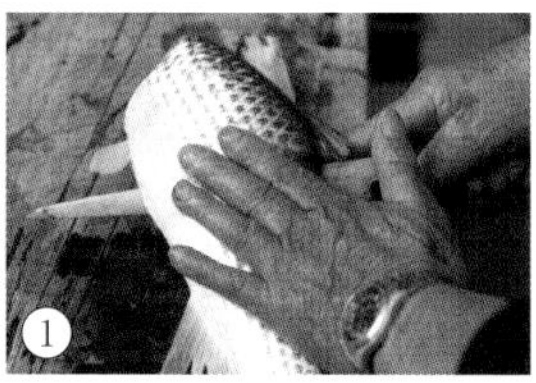

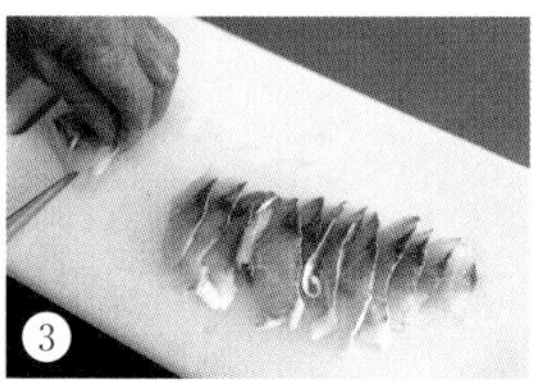

涸沼でとれたボラ。煮魚やから揚げ、あんかけ料理にして食べる

〈愛知県〉
いなまんじゅう

名前からは甘いまんじゅうを連想しますが、魚の腹にぎんなん、椎茸、にんじんなどを加えて練った味噌あんを詰めた料理です。イナはボラの幼魚で出世魚として縁起ものであることから、秋から冬にかけての祭りや祝いごと、また誕生日などにも食べられます。

イナがとれた尾張水郷地帯の料理ですが、名古屋でも食べられました。旅人をもてなす料理として江戸時代後半に考案され、食べると出世できるとして、次第に家庭でつくられるようになりました。昭和40～50年代には料理屋に注文する家が増え、現在つくっているのは蟹江町の3軒の料理屋のみです。

県西南端の尾張水郷地区は、木曽川をはさんで岐阜県や三重県と接し、南は伊勢湾に臨んでいます。多くの川が海に流れ込む河口に、汽水魚であるイナ（ボラ）が生育していています。昔は沼や川でとっていましたが、昭和34年の伊勢湾台風後は田んぼが集約化され、川魚もとらなくなり、若い世代は勤め人となり、食生活も変わりました。

協力＝湯元館　著作委員＝西堀すき江、亥子紗世、菱田明香、熊谷千佳

＜材料＞ イナ1尾分

イナ（ボラの幼魚）…1尾（約180g）

【味噌あん】
- 八丁味噌（豆味噌）…50g
- みりん、酒…各小さじ2
- 砂糖…大さじ2（20g）
- にんじん、ごぼう、干し椎茸…各5g
- ぎんなん…3g（ゆでる）

味噌*…適量

*あんと同じ配合で味噌、みりん、酒、砂糖を混ぜたものだが、これは煮つめない。

＜つくり方＞

1. イナのエラから内臓をとる。へそ*（幽門）は後で蓋にするために残す。エラから包丁を入れ、背骨と肉を切り離す。
2. 頭と尻尾の骨を折り、専用のイナ包丁で 背骨を抜きとる（写真①）。
3. 鍋に味噌、みりん、酒、砂糖を入れ、弱火で10分ほど練る。
4. にんじん、ごぼう、戻した椎茸、ぎんなんをみじん切りにする。
5. **3**の半分に**4**を入れ、加熱する。
6. イナの腹に専用の金属性のしぼり出し器具で（写真②）残った**3**のうち10gを入れ、**5**を入れ、残りの**3**を入れる。**1**のへそで蓋をし、楊枝でとめる（写真③）。
7. イナを串に刺し、味噌をかけながら（写真④）両面をこんがりと焼く。

*泥をこすため筋肉が発達し、鶏の砂肝のよう。

撮影／五十嵐公

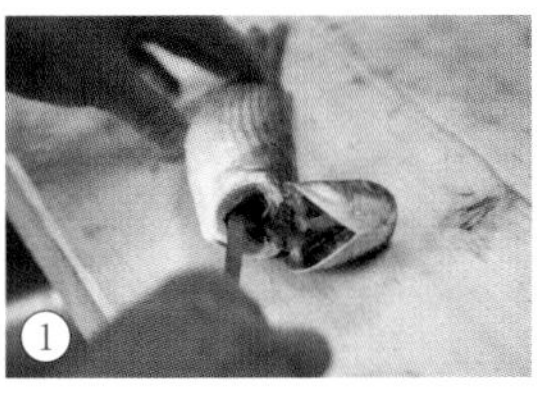

①

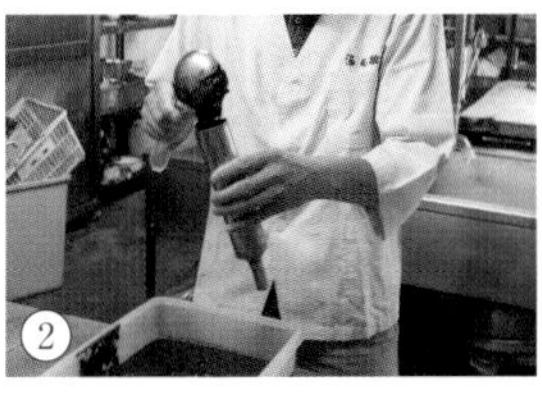

②

③

④

〈千葉県〉

はぜの天ぷら

県の北西部、江戸川を隔てて東京都と接する市川市の、河口周辺の行徳(ぎょうとく)一帯は、江戸前ののりやあさりが有名ですが、はぜもよく釣れました。自然豊かな三番瀬の干潟や川で、誰でも気軽にはぜ釣りをして、家々の食卓に上ったそうです。

かつては干潟の海に釣り糸を垂れると、入れ食い状態でおもしろいほどに釣れ、「ばかっぱぜ」と呼んでいたそうです。いろいろなはぜが釣れますが、食べられない「ダボハゼ」は捨ててマハゼだけを残しても、バケツいっぱいに釣れたということです。近年は環境も変わり、5時間苦闘してやっと十数匹ということもあるそうです。

マハゼは、くせがなくおいしい魚で、釣れたてのはぜの天ぷらは、釣りのごほうびで醍醐味です。塩でよし、天つゆに大根おろしやしょうがで食べるのもよし。さっぱりとして淡泊ですがおいしく、屋形船ではぜ釣りをし、獲物をその場で揚げて食べさせてくれる商売もあるほどです。

協力＝田島美知子
著作委員＝梶谷節子、渡邊智子

撮影／高木あつ子

＜材料＞4人分

ハゼ…8〜12尾
衣
- 小麦粉（薄力粉）…1/2カップ
- 卵黄…1個分
- 冷水…80〜100mℓ

揚げ油…適量

＜つくり方＞

1. ハゼは、ウロコと内臓をとり除き開く。
2. 衣の材料を合わせて軽く混ぜる。
3. ハゼに薄く小麦粉（分量外）をつけ、衣にくぐらせ180℃の油で揚げる。好みで塩、天つゆ、おろししょうがで食べる。

撮影／戸倉江里

＜材料＞9人分

ムツゴロウの素焼き…9尾（約90g）
酒…小さじ1
砂糖…大さじ1
醤油…大さじ1

＜つくり方＞

1 素焼きのムツゴロウに酒、砂糖、醤油を加え、中火で煮汁がなくなるまで煮る。甘辛く味がしみこんだらできあがり。

〈佐賀県〉

むつごろうの煮物

県西南部地域に位置する白石町は有明海の広い干拓地と干潟で知られた町です。干潟ではたくさんの魚や貝がとれますが、代表的なのがハゼの仲間であるむつごろうです。

かつては、旧盆になると行商の人たちがたらいに生きたむつごろうを入れて売りに来ました。それを買って、串に刺して、家の外で麦わらを燃やして素焼きにしました。お盆には必ずその素焼きを甘辛く煮つけた煮物が出されたため、むつごろうというと「あぁ、お盆だなぁ」と感じるのだそうです。

今は素焼きのむつごろうが売られていて、それを買って料理することが一般的です。素焼きを冷凍しておいて、正月の料理に使うこともあります。素焼きは内臓も入ったままですが、食べると白身魚の淡泊な味。煮物にしても、素焼きの香ばしさが感じられます。祭りや祝いのときにふるまわれる箱ずしの「須古ずし」（既刊『すし』参照）の具にも、むつごろうの煮物が入ります。

協力＝猪ノ口操　著作委員＝武富和美、西岡征子、副島順子、橋本由美子

〈和歌山県〉

いがみの煮つけ

県南部の田辺市磯間には和歌山南漁業協同組合の湊浦支所があり、新鮮な魚が手に入ります。いがみ（ブダイ）は紀南地方の代表的な磯魚で、いがみの煮つけは祭りや正月の祝いの席には必ず食べられる郷土料理です。行事では2尾を腹合わせで盛りつけて供えるのが慣例で、最初から腹合わせで煮つけることができる大きな鍋に、とり出すときに煮くずれしないように大きな煮ザルを敷いてつくります。道具が大がかりなので、男性が調理を担当することも多いといいます。

煮ているときや煮上がって盛りつけたときには、磯魚特有の磯の香りを感じることもありますが、食べてみると濃いめの煮汁のおかげで臭みは感じません。冷めてくると煮汁が煮こごりになり、身と一緒に食べるのがおいしいです。この残った煮汁で大根を炊いてもおいしいのですが、風味の点で好みが分かれることもあるようです。とくに磯の香りが強くなりがちな夏場よりも、秋冬の方がおいしくいただけるようです。

協力＝道畑友子　著作委員＝三浦加代子

＜材料＞ 10人分（行事用）

イガミ（ブダイ）…2尾（1尾約1.5kg）
水…1ℓ
酒…300mℓ
醤油…800mℓ
上白糖…130g
三温糖…200g
みりん…200mℓ

イガミ

＜つくり方＞

1 イガミはウロコ、エラ、内臓をとり、流水でよく洗う。
2 身に切りこみを入れる。
3 尾は鍋にくっつかないようにアルミホイルで包む。
4 イガミ2尾を腹合わせにして煮ザル*にのせる。
5 鍋に水と酒を入れ加熱する。沸騰してきたら、醤油、砂糖、みりんを入れる。さらに沸騰してきたら4を煮ザルごと入れ、煮汁をかける。アルミホイルで落とし蓋をし、さらに上から蓋をして中火で15分煮る。
6 最後に蓋と落とし蓋をとり、煮汁をかけながら5分程度煮つめる（写真①）。
7 鍋から煮ザルごととり出し（写真②）、少し冷めたら腹合わせになるように盛りつけ、尾のアルミホイルをとり、煮汁をたっぷりかける。

*粗めに組んだ竹製のザル。大きな魚などを煮るときに煮くずれを防ぐ。

①

②

撮影／高木あつ子

〈広島県〉

しばずし

瀬戸内海にある尾道市因島の中庄町や田熊町には、秋祭りのごちそうとして「しばずし」をつくる習慣があります。瀬戸内では珍しい発酵ずしで、前もって塩漬けしておいた魚と季節の野菜を、ご飯に麹、たでなどを混ぜ合わせたものと漬けこみ、1週間から半月ほど発酵させます。昔は小魚を姿のまま漬けこみましたが、現在はおもに白身の魚を切り身にして使います。松茸が豊作のときは、刻んで入れたりもしたそうです。

しばずしに欠かせないのはたでの葉で、秋の大きく成長した葉を使います。たでのピリッとした辛み、山椒の実やしその実のさわやかな香りが加わったしばずしは、魚の生臭みがなくて風味がよく、酒の肴にぴったりです。

つくり方は各家で伝えられてきました。あるお宅では代々男性の仕事で、その人も父親から教わったそうです。つくる人が減っているので、法事に親戚にふるまったり、町の公民館祭りに出品したりして喜ばれているそうです。

協力＝田頭孝通
著作委員＝高橋知佐子、石井香代子

＜材料＞ 8〜9ℓのかめ1個分（10〜20人分）

- 季節の魚（数種類）*…約4kg
- 塩…約1kg
- かために炊いたご飯…3合分
- 米麹…250g
- たでの葉…1カップ
- しその実…1/2カップ
- 山椒の実…1/3カップ
- 合わせ調味料**…2カップ（酒1.4カップ＋みりん0.6カップ）
- なす…5本

*ここでは、小ダイ15尾、シス（イボダイ）15尾、モウカリ（サッパ）60尾を使った。

**気温が低く発酵しにくい時期は、酢1.6カップとみりん0.6カップを合わせて使う。

＜つくり方＞

【魚の塩漬け】

1 魚はウロコをとり頭と内臓を落とし、骨がかたい小ダイは三枚におろす。シスとモウカリは骨がやわらかいので骨をつけたままにする。

2 魚が見えないくらいに塩をたっぷりとふりながら魚と塩を交互に詰め、密閉容器で1カ月ほど塩漬けにする。重しは必要ない。

【仕込み】

3 魚の塩漬けを容器からとり出し（写真①）、一昼夜水を替えながら、食べて少し塩辛いぐらいまで塩抜きする。よく洗ってから水をきり、食べやすい大きさに切って種類ごとにまとめておく（写真②）。写真は手前がモウカリ、左奥がシス、右奥は小ダイ。

4 ご飯に合わせ調味料の約1/3量を混ぜる。たで、しそ、山椒を小さく刻んで加え、ほぐした麹を入れてよく混ぜ合わせる（写真③）。残りの合わせ調味料は、かめに漬けこむときに適宜ふり入れる。

5 なすは皮をむき、5cmほどの拍子木切りにする（写真④）。

6 4のご飯をかめの底に薄く広げ、その上に小ダイを並べる。

7 魚がかくれるくらいまでご飯を重ねたら合わせ調味料をふりかけ、つぎはシスを並べる。このようにご飯、魚、ご飯、魚、ご飯と重ねたら、5のなす、ご飯の順に重ねて、モウカリを並べる（写真⑤）。これを繰り返し、最後はご飯を詰める（写真⑥）。落とし蓋と5kg程度の重しをポリ袋に入れてのせる。

8 甘酸っぱいにおいがしてきたら食べ頃。夏は4日、冬は1週間で食べられる。食べる1日前に重しをとり（写真⑦）、かめの中の調味液を全体にしみこませる。水けをよくしぼって大皿に盛る（写真⑧）。

◎麹は、ご飯が冷めてから合わせる。
◎魚の順番はこれに限らないが、魚は1種類ずつ重ねる。

①

②

③

④

⑤

⑥

⑦
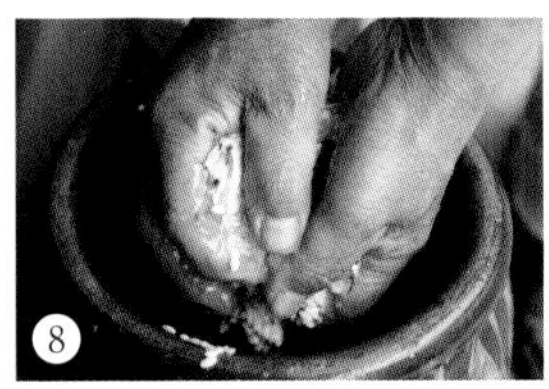
⑧

撮影／高木あつ子

〈福岡県〉あぶってかも

博多では春になると、スズメダイが鮮魚店に並びます。この魚の両面にたっぷりと塩をふり、数時間おいてからじっくりと炭火で焼いたものが、あぶってかもです。焼くことを福岡では「あぶる」といい、焼いたものをそのまま噛む、つまり「噛もう」ということで名づけられました。「焼いたらカモのような味がする」のでこう呼ぶともいわれています。

スズメダイは南日本近海で生まれて黒潮にのって北上します。明治後期にスズメダイの大群が博多湾に押し寄せ、処分に困った漁師たちがとりあえず塩をふり、火であぶって食べたことが始まりといわれています。よその地域ではあまり食べられず、網に掛かっても捨てられることもある魚ですが、博多では飲食店でもおなじみのメニューです。ウロコがやわらかいので、とらずに焼くと、パリッとした食感と香ばしさが生まれます。旬を迎えて脂がのった身も大変おいしく、かじりついて食べるのが春の楽しみです。

協力＝松隈紀生
著作委員＝仁後亮介

撮影／長野陽一

<材料> 4人分

スズメダイ…8尾（800g）
塩（べた塩）…大さじ3
塩（化粧塩）…大さじ1弱
レモン…1/2個

10cm程度のスズメダイ。ウロコやエラ、内臓をとらずに調理する

<つくり方>

1 スズメダイは両面にたっぷりと塩をふり（べた塩・写真①）、約5時間おく。
2 1の塩を洗い流し、再び塩をふり（化粧塩）、250℃に熱したオーブンで約10分、おいしそうな焼き色がつくまで焼く。
3 レモンを添える。

①

撮影／長野陽一

〈鹿児島県〉
クレイオの高菜巻き

＜材料＞ 4人分

クレイオ（メジナ）…1尾（1〜1.5kg）
高菜…2枚
大根…1/2〜1本
水…適量
濃口醤油、うす口醤油、みりん
…各大さじ3強（60g）
酒…大さじ4（60g）
砂糖…小さじ1
孟宗竹の皮
◎昔は自家製の醤油だけで味つけした。

＜つくり方＞

1 クレイオのウロコをとり、エラと内臓を出して水で洗う。
2 1を炭火やガスの火で香ばしく焼く。すぐに煮るときには表面に焼き色がつく程度で、中まで火が通っていなくてもよい。
3 頭と尾を出すようにして、魚を高菜の葉でしっかりと巻き、竹の皮を裂いたひもで2〜3カ所しばる。
4 1cm厚さの輪切りにした大根を鍋に敷き、あとで3の魚をのせたときに魚が浸るくらいの水を入れて煮る。大根がある程度煮えたところでみりん、酒、砂糖を入れ、醤油を半量ずつ入れて煮こむ。
5 3を大根の上にのせて中火で20分程度煮る。味を調整しながら残りの醤油を入れて味を調える。
6 ひもをはずし、くずれないように皿に盛りつける。

クレイオは黒い魚を意味し、九州で黒鯛と呼ばれるメジナのことです。甑島列島の南部にある下甑では、クレイオの表面を炭火で焼き、高菜の生葉で巻いて大根の上にのせて煮た、独特の姿の料理があります。1匹丸ごと料理するので「クロのいっこん喰い」とも呼ばれます。「下甑村郷土誌」の宮野金剛氏の記録によると、西南戦争から生還した兵士を迎えた母親が思いついたそうです。戦場帰りに生臭ものは酷だろうと刺身ではなくあぶってから煮つけ、魚の表面には切りこみを入れず無事な姿を表現しました。命を長らえるようにと高菜も切らずに使ったと思われます。

当初は母子が暮らす一部の地区だけに伝えられましたが、下甑の他の地区でも正月や、家族や親戚が帰郷したときのもてなし料理となりました。しかし、気候や海の環境の変化のためか近年はクレイオがとれず、また料理を知っているのも年配の方々なので、若い人はつくれなくなっているそうです。

協力＝山内千和子、中園好子
著作委員＝森中房枝

〈沖縄県〉

エーグヮーのマース煮

魚を塩味で煮るという、ごくシンプルですが魚と塩のおいしさがそのまま味わえる料理です。素材を大切にしたサッパリとした味で、素朴な家庭の味です。「マース」は塩のこと。沖縄県産の塩を島マースといいます。

島々からなる沖縄では、昔から各地で塩炊き職人がつくる塩があり、その独特な島マースの文化が受け継がれてきました。日本復帰後、塩専売法により伝統的な製法が禁止されましたが、専売公社の食塩では沖縄の伝統食となじまないという住民運動により復活した歴史があります。

エーグヮーはアイゴのことです。マース煮にはエーグヮーを1尾丸ごと使うのがもっともよいといわれ、この料理法で身はかたすぎず、やわらかすぎずの食感となり味が引き立ちます。石垣市の登野城(とのしろ)では、昭和30年代前半には家族で海に出てエーグヮーをとって食べていたといいます。シンプルな料理法だけに魚の鮮度が味を左右するので、さぞおいしかったことでしょう。

協力＝嵩西タマ子、嵩西見奈子、西里礼乃
著作委員＝森山克子、大城まみ

撮影／長野陽一

＜材料＞ 4人分

エーグヮー（アイゴ）
…2〜3尾（約600g）
水…1カップ
泡盛（または清酒）…大さじ2
島マース（沖縄県産の塩）（または精製塩）…小さじ2
しょうが…1かけ
好みの青菜…適量

＜つくり方＞

1 エーグヮーはウロコと内臓をとる。とくに内臓の苦味が強いので腹の中をすべてとり出してよく洗う。背ビレと尾ビレもとっておくと調理しやすく食べやすい。
2 しょうがは薄切りにする。
3 鍋に分量の水、泡盛、島マースを入れて煮立てる。
4 3に1と2を入れて蓋をし、弱火で火が通るまで煮る。煮汁から出る部分には、ときどきスプーンなどで煮汁をかけながら煮る。

◎付け合わせの青菜も一緒に塩煮にするとよい（写真①）。

県魚グルクン（タカサゴ）のマース煮もおいしい

沿岸部でとれる魚

海岸からやや離れ、小型船で行なうような沿岸漁業では、海底近くの砂泥域や岩礁に棲むひらめやかれい、あなごやはも、えい、鯛やふぐなどなじみ深い白身魚が多くとれます。いわしやかつおなどの赤身魚が広い範囲を泳ぎ回るのとは対照的です。

〈岩手県〉

どんこのぼり焼き

三陸沿岸でよくとれるどんこ（エゾイソアイナメ）は、脂がのる秋から冬にかけてがおいしくなります。鮮度が落ちやすいので他地域には流通せず、地元で味噌汁や鍋物などにして食べられてきました。

今回紹介するのぼり焼きは、大船渡市の吉浜（よしはま）の日常食です。もともとは串に刺した魚を頭を上にして囲炉裏に立てて焼くことから、この名前がつきました。腹をさかずにエラを引きながらうるこ（内臓）をとり出し、とり出した肝に味噌、ねぎを和え、腹に戻して焼きますが、内臓を抜いたり肝をきれいにとり分けるのが難しく、調理できる人が少なくなっています。

どんこは、ハレの料理にも使われてきました。大船渡以南の気仙（けせん）地方では、旧暦10月20日の恵比寿講には尾頭つきのどんこ汁を神前に供え豊漁を祈願します。焼いた身をほぐしてなますにしたどんこなますは正月に欠かせず、また、白身で淡泊な味は産（さん）後の肥立ちによいと、体力回復の産人魚（とざかな）としても好まれてきました。

協力＝菊地ミヨ子
著作委員＝菅原悦子

<材料> 4人分

ドンコ（エゾイソアイナメ）…4尾
長ねぎ…4本
味噌…適量*（魚の大きさによる）

*味噌の量は魚の大きさによる。30cm大のドンコで大さじ1くらい。

<つくり方>

1 ドンコは、尾から頭に向かって包丁の刃を動かしてウロコをとり（写真①）、水で洗い流しながら、ぬめりをとり除く。
2 エラの下に包丁を入れて頭を折る（写真②）。エラをつかんでゆっくりと引きながら内臓を引き抜く（写真③）。引き抜いた内臓（写真④）は、肝だけを使う。
3 魚と肝を3％程度の塩水（分量外）できれいに洗う。魚はエラのところから水を入れ、中も洗う（写真⑤）。
4 ねぎを小口切りにし、ここに肝を加えて包丁で一緒にたたく（写真⑥）。
5 細かくたたいたら、味噌を加えてよく混ぜ合わせる（写真⑦）。
6 エラを抜いたところから5を腹に詰める（写真⑧）。
7 ロースターやオーブンなどで、じっくりと焦がさないように焼く。

①

②

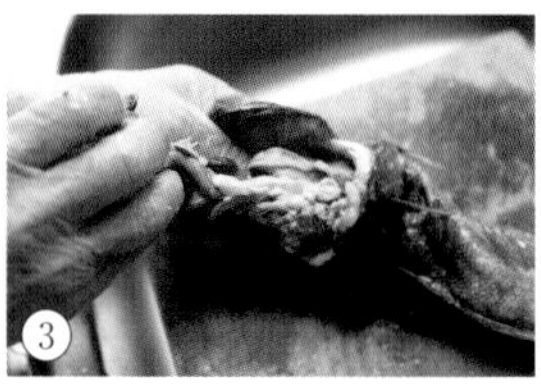
③

④

⑤

⑥

⑦

⑧

撮影／奥山淳志

〈秋田県〉

はたはたの一匹ずし

はたはたは秋田の県魚で「秋田名物八森(はちもり)はたはた男鹿(おが)で男鹿ぶりこ」と秋田音頭にも唄われています。はたはたずしは塩漬けしたはたはたを酢、麹、飯、にんじんなどと漬ける飯ずしで、きりたんぽと並ぶ代表的な郷土料理です。その歴史は古く秋田藩主・佐竹公が移封(いほう)される以前にさかのぼることが史料から明らかになっています。一匹ずしはぶりこ（卵）の入ったメスを1尾のまま使うことが多く、オスは白子をとって切りずしにすることが多いようです。

はたはたずしは12月中旬に漬け始め、正月から2月頃まで食卓に上ります。一時、はたはたは乱獲などが原因で水揚げが激減したため、秋田県では1922年から3年間禁漁しました。解禁後は値段が高騰したことなどから、つくる家庭が少なくなってしまいました。鯛やきんきの焼き魚とともに、正月の祝い膳に欠かせないもので、つくり続けている家ではなれている子どもや親戚などに送って喜ばれています。

協力＝佐藤圭子、柴田範子、清水祝子
著作委員＝山田節子

撮影／高木あつ子

＜材料＞ 15ℓの桶1個分

ハタハタ…10kg
塩…2kg
酢…1.5ℓ
- 米…2kg
- 米麹…800g
- 塩…200g
- みりん…1カップ

- にんじん…200g（2本弱）
- しょうが…60g（3かけ）
- かぶ…1kg（10〜12個）
- ふのり（乾燥）…50g
- 赤唐辛子…4g（2〜3本）

笹の葉約25枚

＜つくり方＞

1. ハタハタをきれいに洗い、塩をかけて、5kgの重しをのせて涼しいところに2日おく。
2. 2日後よく洗い、エラと内臓をとり、桶などに水を入れ、ハタハタを浸して涼しいところにおく。1日3回水をとり替える。血がとれるまで1週間ほど、これを繰り返す。
3. ハタハタをザルにあげて水をきり、桶に入れて酢をかけ、蓋をして涼しいところに2日おく。
4. 米を炊き、人肌くらい（40℃以下）に冷ましたら麹をよく混ぜ、ラップをして30分おく。塩、みりんを加えて混ぜる。
5. にんじん、しょうがはせん切り、かぶは半月切り、赤唐辛子は輪切りにする。
6. **4**に、**5**とふのりを加えて混ぜる。
7. **3**のハタハタの水けをきる。桶の底に笹の葉を敷き、ハタハタを並べ、その上に**6**を彩りよくかける。さらに笹の葉を敷き、これを繰り返し、一番上を笹の葉でおおう。
8. 2日目から重しをのせる。2日目は5kg、3日目以降は3kgにする。涼しいところに3〜4週間おいて完成。

<材料> 4〜5人分

ハタハタ…10尾
しょっつる
　…大さじ2と1/2（45g）目安
水…1ℓ
長ねぎ、椎茸、白菜、豆腐、水菜など
　…好みの量

<つくり方>

1. ハタハタは頭と内臓をとり除き（写真①、②）、水洗いする。
2. 野菜などは食べやすい大きさに切る。
3. 鍋に水としょっつるを入れ、火にかける。しょっつるは商品によって塩味が異なるため、味を見ながら加える量は加減する。
4. 具材を鍋に入れてひと煮立ちさせる。ハタハタの身はくずれやすいので、煮すぎない。

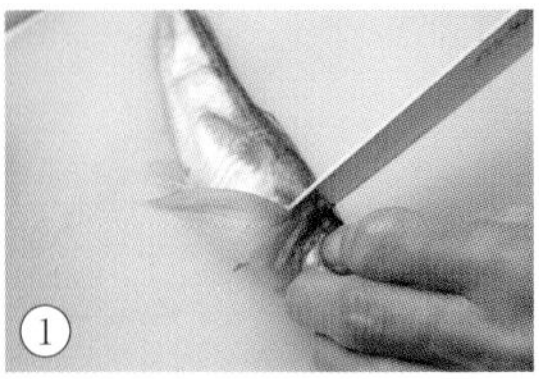

①

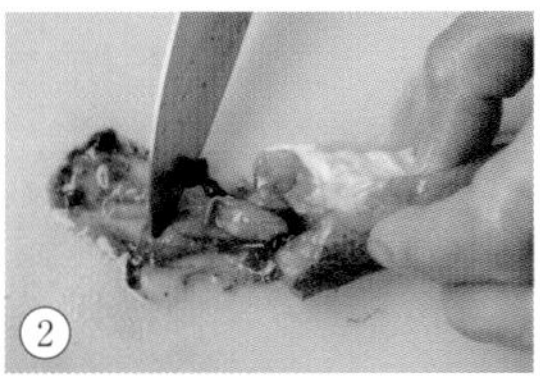

②

撮影／高木あつ子

このハタハタはちょっとやせ気味

ハタハタは骨はかたいが、身がやわらかい

〈秋田県〉

はたはたのしょっつる鍋

しょっつるは魚を塩で漬けこんで熟成させた秋田県独特の魚醤油で、今でこそ、はたはたを原料にしたものが有名ですが、もともとはいわしやあじなどの小魚の塩漬けが起源と考えられています。しょっつる鍋は材料を切ってしょっつるで煮る簡単な料理で、しょっつるの強いうま味はさまざまな食材との相性もよく、〝隠しきれない隠し味〟になっています。

八森地区は山本郡八峰町の海岸沿いで、白神山地の麓に位置します。「秋田名物 八森はたはた」と秋田音頭に唄われているように、八森は県北部におけるはたはたの主漁場で、しょっつる鍋は晩秋から冬にかけて日常的に食べられています。以前は自家製だったしょっつるも、食嗜好の変化や減塩の流れもあり、家庭で仕込むことは減り、また、はたはたの漁獲量も減っています。いっぽうで、一時は魚の風味が強いため魚臭いと敬遠されたしょっつるですが、今は研究会も結成され、地元の伝統食品として見直されています。

協力＝秋田県漁協北部総括支部漁協女性部ひより会　著作委員＝高橋徹

〈北海道〉
かれいのつみれ汁

釧路ではかれいは大変身近な魚で種類も水揚げ量も多く、鮮度のよいものを比較的安く手に入れることができます。種類によっておいしい食べ方があり、たとえば真がれい、ばばがれいは煮つけ、宗八は干物にします。新鮮なまつかわ、おひょう、赤がれいは刺身がおいしく、昔は1尾を丸ごとおろしたらまず刺身にして、残った切れ端や骨についている身はこそげてつみれにしたり、アラも汁にしたりしました。

つみれは身に塩をふり、包丁で細かく切りたたきます。なめらかな舌ざわりにしたいときはすり鉢ですりますが、たたくだけの方がほろほろとした肉の質感が残り、魚本来の食感を味わえます。淡泊でくせがなく、あしらいの野菜が白いだんごを引き立て彩りのよい上品な椀に仕上がるので、ちらしずしのときの汁にしたり、お客様にもお出しするそうです。

つみれは、たらやほっけでもつくり、汁ものや寄せ鍋の具にもします。昔はほっけのつみれを蒸しておやつ代わりにすることもあったそうです。

協力＝芳賀みづえ　著作委員＝村上知子

撮影／高木あつ子

＜材料＞ 4人分

カレイ…正味100g
塩…ひとつまみ（1g）
長芋…15g
卵白…1/2個分（15g）
かたくり粉…大さじ1/2強（5g）
だし汁（昆布）…3カップ*
醤油…小さじ2
塩…小さじ1/2（3g）
長ねぎ…10g
にんじん…10g
*水700mℓと昆布12gでだしをとる。

＜つくり方＞

1. カレイの身に塩をふり、包丁で小さく切り、たたく（写真①）。
2. 1の真ん中をくぼませ、ここにすりおろした長芋と卵白を加え、包丁の腹でなじませるように混ぜる。かたくり粉を加えてさらに包丁で練り合わせる。
3. ねぎは5cm長さのせん切りにする。にんじんは5cm長さの短冊切りにした後、さっとゆでる。
4. だし汁を静かに沸騰させ、ぬらしたスプーン2本で2をラグビーボール状にして、静かに落とす（写真②）。
5. 4に火が通ったら香りづけの醤油を加え、塩で味を調える。
6. 椀に盛り、3のねぎとにんじんをのせる。

◎客膳には、らせん状のよりにんじん（桂むきしたものを斜めに切り、箸などに巻く）にするとよい。

①

②

撮影／長野陽一

<材料>4人分

アカガレイ…4尾（尾頭・内臓つきで1尾約150g）
酒…60mℓ
水…150〜200mℓ
醤油…50mℓ
砂糖…30g
しょうが…1かけ
葉ねぎ…100g

<つくり方>

1 鍋に酒と水を入れ、沸騰したら醤油、砂糖、薄切りにしたしょうがを加えて煮立て、ウロコと内臓をとったカレイの表を上にして並べ入れる。
2 1に落とし蓋をして、最初は強火、沸騰したら中火から弱火にして、10分くらい煮る。
3 カレイを器に盛る。残りの煮汁に約4cmに切った葉ねぎを入れ、煮汁をからめるようにしながらさっと煮て、カレイに添える。仕上げに少し煮汁をかける。

〈福井県〉かれいの煮つけ

赤がれいは、福井の冬の魚です。底曳き網漁が始まる9月から翌年4〜5月くらいまでの間、もっともポピュラーな魚といえるでしょう。秋から冬にかけて多くのスーパーでは、かれい、はたはた、めぎすばかりが並んでいるといった状況になります。赤がれいは小さなものから40㎝くらいの大きなものまでが出回り、内臓をとって塩焼きにしたり醤油味でさっと煮たりと、日常のおかずです。1尾を丸ごと焼いたり煮たりしたものが豪快に大皿に盛られて食卓にドンッと出され、家族でとり分けます。多くの家庭で青ねぎを育てており、煮つけには青ねぎがよく合います。

福井では、1月25日に天神講といって菅原道真公を祀る行事があります。道真公が描かれた掛け軸を飾り、子どもの健康や学業成就を願うというものですが、このときは焼きがれいを供えます。天神様は男の子の守り神で、男の子が生まれると、実家から天神様の掛け軸や鏡もちを持ってくるのが習わしとなっています。

著作委員＝佐藤真実、岸松静代

〈鳥取県〉
赤がれいの煮つけ

かれいは鳥取県民になじみの深い魚で、赤がれいの煮つけやから揚げ、えてがれい（ソウハチガレイ）の干物を焼いたものなどが食卓によく登場します。赤がれいの煮つけはスーパーでも売られており、日常的に食べられています。

県北に位置する網代港は県内でも有数の良港で、松葉がにやいかのほか、赤がれいもたくさん水揚げされ、漁港近くの家では新鮮な赤がれいが手に入ります。煮つけにする際は臭み消しのしょうがは入れず、同量の醤油と酒、みりんで煮つけるだけです。味のしみた身はほろほろとやわらかく、ご飯が進みます。冬の赤がれいは脂がのって一層おいしく、子持ちであればコクが出ます。ここでは、刺身で食べたり、刺身に加熱した卵をまぶした「子まぶり」にして食べることもあります。

赤がれいを煮るときは、昔は皮が鍋底につかないようにするためわらを敷いていましたが、今は竹串や野菜の皮を敷いてつくっています。

協力＝山根厚子、舛井益子、石谷礼子、下根鈴江　著作委員＝松島文子、板倉一枝

撮影／五十嵐公

＜材料＞ 4人分

アカガレイ…4尾
酒、醤油、みりん…各1カップ
水…1/4カップ

＜つくり方＞

1 アカガレイは、ウロコと内臓をとり除いてから水で洗う。
2 調味料と水を鍋に入れて火にかけ、沸騰したらアカガレイの表面（黒い方）を下にして入れる。皮が鍋底にくっつきやすいのでキャベツの葉などの野菜を敷いておくとよい。
3 再度沸騰したら火を弱め、煮汁を回しかけながら5〜6分ほど煮て火を止める。落とし蓋を使うと加熱具合や色にムラができやすいので使わない。
4 身がくずれないよう少し冷めてから魚をとり出し、頭を左側にして盛りつける。残った煮汁を上から回しかける。

アカガレイ。子もちの大ガレイ（メス）だと体長40㎝弱になることもある

撮影／長野陽一

＜材料＞4人分

ゲタ（シタビラメ）
…2〜4尾（約400g）
水…320mℓ
醤油…20g
みりん…20g
しょうが…12g

＜つくり方＞

1 ゲタは、ウロコと内臓をとり、大きいものは1切れ100g程度に切る。小さいものは1尾づけにする。
2 鍋に水、醤油、みりんを入れ、魚を重ならないように入れ、しょうがの薄切りも加えて加熱する。好みで長ねぎや豆腐を添えるときは、一緒に煮るとよい。
3 煮汁が沸騰してきたら、ゲタに煮汁を回しかけながら火を通してできあがり。

◎あしらいには、下ゆでしておいたほうれん草などの青物野菜や戻したわかめなどを最後に加えて煮汁をからませてもよい。

〈岡山県〉
げたの煮つけ

げたとはしたびらめのことです。大きなものは500g以上にもなりフランス料理のムニエルなどに用いられる高級魚というイメージですが、瀬戸内ではおよそ300gまでで小さいものも多く、安価で日常的に煮魚として食べられてきました。鮮度がよいので薄味でさっと煮るだけでおいしいのです。今では、家庭でもムニエルやバター焼き、グラタンなどにもされます。

平たい魚で、したびらめの名の通り舌にも見えますが、岡山でげたと呼ぶように、フランスでもドーバー海峡産のものをドーバーソール（ドーバーの靴底）と呼びます。

現在の中高年の方が子どもの頃は、肉類は少なく魚中心の食事でした。げたの煮つけというと、母親がおいしい煮汁で野菜を食べさせようと、いつもゆでたほうれん草を添えていたことを思い出すという人もいます。翌朝には煮こごりをご飯にのせるのがとてもおいしくて大好きで、学校に行く前の朝のあわただしい時間の楽しい思い出だそうです。

協力＝片山由子、武鑓純子、竹内ひとみ
著作委員＝青木三恵子

〈愛媛県〉

でべらの干物

でべらはタマガンゾウビラメといい、ヒラメの仲間です。大きさは手のひら大、手を広げたような形なので「手平（てびら）」、さらになまって「でびら」ともいわれます。焼くと頭と中骨以外は、すべて食べられるのでカルシウムの供給源となり、栄養もあります。

瀬戸内海は内海で潮の干満差が大きく、多島海のため潮流が強く、海底部の養分が常に巻き上げられることから、プランクトンが豊富で、沿岸漁業がさかんです。魚種が多く、小ぶりの魚は干物やかまぼこ・ちくわにするなど、加工品が発達しました。そのなかで、でべらを干す光景は、東予から中予の瀬戸内海沿岸や東予の島しょ部の冬の風物詩です。

でべらの干物は、一本釣り漁法だった戦前は主に自家用で、港や家でうろこと内臓をとり、海水で洗ったものを縄に通して3～4日天日干しにしていました。戦後は、底曳（び）き網漁法になって漁獲量が増え、一般にも出回るようになりました。旬は冬、大寒の頃が一番おいしく、贈答品としても喜ばれます。

協力＝八木頼子　著作委員＝皆川勝子

撮影／五十嵐公

＜材料＞　つくりやすい分量

タマガンゾウビラメ…15～25尾
塩水…約2ℓ（約3.5%塩分）

＜つくり方＞

1　魚が新しいうちにウロコと内臓をとり、塩水で洗ってそのまま塩水に30分ほど漬ける。
2　細い竹ひごや針金をエラから口へ通し、日なたで風通しがよいところに、1枚1枚風があたるようにしてカラカラになるまで3日ほど干す。12～1月にかけて晴天の西風寒風を受けるときれいに干し上がる。

◎食べ方：木づちで中骨が砕ける程度に軽くたたくか、中骨に沿って手でくねくねして身が白っぽくなったものを炭火でサッと焼く。熱いうちなら、身と骨がはずれやすい。中骨を外してそのまま食べる。好みで大根おろしや醤油等をつけてもよい。

でべらの干物。縄に通して売られている

焼いて身をむしって食べる。下のでべらは、身をむしったところ。エラのあたりから身をひっぱるときれいにむしれる

でべら入りなます

〈広島県〉

でべら（手平）は、タマガンゾウビラメという魚を干したもので、尾道市の冬を代表する産物です。竿で釣って、船に揚げて跳ねていたのが止まったときの形が手のひらに似ていることから、でべらと呼ばれるようになったそうです。11月も下旬になると、市内では1本の縄にでべらをたくさんつるして売っている引き売りの姿を見ることができます。

食べるときは、でべらの表裏両面を、金づちで骨を細かく砕きながら丁寧にたたき、さっとあぶります。ポイントは焼きすぎないこと。それを手でちぎり、なますに入れたり、砂糖醤油をからめたりすると、でべらの香ばしい風味と、凝縮した旨みがおいしい一品になります。酒の肴にもぴったりです。

地元では家族が好きだからと、たたいて冷凍にして保存している家庭もありました。こうするとあぶるだけで食べられるのです。その家では庭にでべら専用のブロックが置いてあり、厚紙を敷いて金づちでたたくそうです。

協力＝岡本節子、篠原幸子
著作委員＝高橋知佐子、渕上倫子

<材料> 4人分

でべら…1枚
大根…120g
にんじん…20g
塩…小さじ1/4（1.4g・大根とにんじんの1%）
酢…大さじ2
砂糖…大さじ1と1/3
ゆずの皮…適量

でべらにするタマガンゾウビラメ（生）。大きいものは刺身にする

砂糖醤油をからめてもおいしい

撮影／高木あつ子

<つくり方>

1 大根、にんじんは薄めの短冊切りにして、塩をする。
2 1がしんなりしたら水けをしぼり、酢と砂糖を合わせて和える。
3 でべらを金づちで、表と裏から丁寧にたたく。全体がやわらかくなり、骨も細かく砕くようにたたくとそっていた魚が平らになる（写真①）。
4 でべらをあぶり、骨ごと身をむしって2と和える。ゆずの皮のせん切りを添える。

〈東京都〉

煮あなご

昭和30年代、東京湾ではあなごがたくさん釣れ、大井町や大森海岸付近では新鮮なあなごを買うことができました。夏が旬のあなごは土用のうなぎ同様、夏場に多く食べます。魚屋の店先には東京湾で釣れた生のあなごや白焼きがシャコなどと一緒に並び、この江戸前あなごでつくる天ぷらや煮あなごは、夏の接客料理のひとつでした。

あなごをおろすのは慣れていないと難しいので、魚屋で開いてもらいました。頭と骨は一緒にもらってきて、煮汁のだしに使います。骨はじっくり揚げて骨せんべいにすることもあり、酒の肴や子どものおやつになりました。白焼きは、皮にさっと熱湯をかけ、酒少々をふりかけ、蒸し直してわさび醤油で食べたり、調味料で煮て煮あなごにして、ちらしずしの具や握りずしのネタにしたそうです。

東京湾は埋め立てが進み昔の海岸線は変化しましたが、今でも品川沖、羽田沖ではあなごも含め、さまざまな魚介類や海藻が漁獲されています。

協力＝尾崎美保子、奥山隼人
著作委員＝成田亮子、加藤和子

撮影／長野陽一

＜材料＞ 1尾分（2人分）

アナゴ*…1尾（250g・正味160g）

煮汁

- 水…1/2カップ
- 醤油…大さじ1
- 酒…小さじ1
- 砂糖…小さじ2弱
- みりん…小さじ1/2強

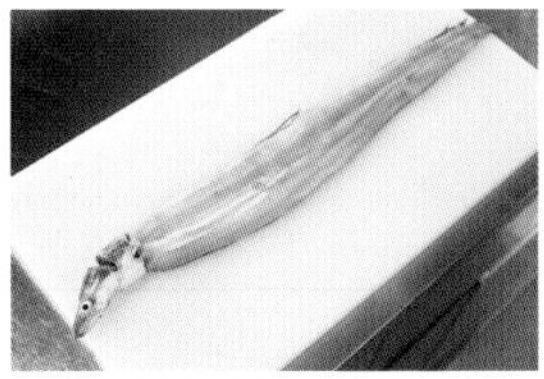

*おろしてもらうか、開いてあるアナゴを購入する。頭と骨はもらってくる

＜つくり方＞

1 開いたアナゴは熱湯にくぐらせ、氷水でしめる。頭と骨もさっと熱湯にくぐらせる。

2 皮を上にしてアナゴをまな板にのせ、包丁の背でぬめりをこそげとりさっと水で流す。

3 鍋に煮汁を入れ、1の頭、骨を入れて煮立たせる。

4 1を鍋に入る大きさに切り、皮を下にして入れ、落とし蓋をして弱火で20分煮てそのまま冷ます。アナゴが丸まっていたら、平らになるように軽く押しておく。

5 4を適当な大きさに切って盛りつけ、煮汁をかける。

◎煮汁に砂糖小さじ1を加えて煮つめ、たれにして塗ってもよい。

◎骨がたくさんあるときは、骨せんべいをつくる。きれいに洗った骨の水分をよくふきとり、170℃の油でじっくりと揚げ、塩少々をふる。

撮影／五十嵐公

<材料> 4人分

メジロ（長さ約30㎝）…10尾
塩…適量
調味液
- 醤油…1カップ
- みりん…1カップ

<つくり方>

1 ボウルに入れたメジロに塩をひとつかみふり入れ、手でもんで水で洗い流す。頭に目打ちを刺して開く。腹からでも背からでもよい。
2 血などを洗い流して水けをふきとり、調味液に30分ほどつける（写真①）。
3 干し網に2を並べ、天日で半日ほど風乾させる（写真②は干し上がり）。
4 グリル（強火）で5〜6分焼く。

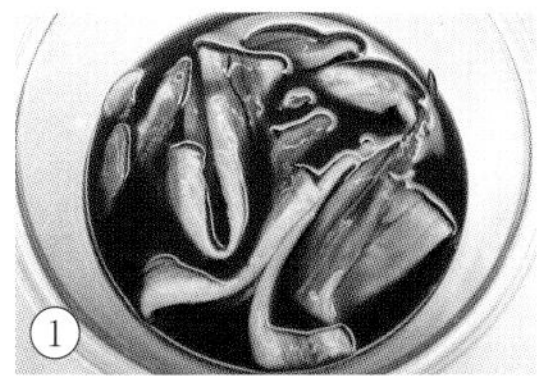

①

②

〈愛知県〉
めじろの干物

愛知県では、真あなごのことをめじろともいいます。真あなごは体の側面に白い斑点が一列に並び、黒目の周りの白目が大きいので「めじろ」。愛知県で「あなご」と呼ぶのは、真あなごよりもやや味が落ち、値段も安い「ぎんあなご」です。

めじろは県内各地で水揚げがありますが、なかでも多いのが知多半島南端部の南知多町です。西は伊勢湾に面し、海は遠浅で、小型底曳き網で水揚げされます。

梅雨から秋口にかけて水揚げされるめじろは脂がのっていておいしく、知多半島では、開いてからみりんや醤油などの調味液に漬けて天日干しにします。これがめじろの干物で、さっとあぶると半生に干したものはやわらかく、よく乾燥させたものはややかためと味わいが異なりますが、どちらもめじろの旨みが口に広がります。酒の肴や夕飯のおかずにするほか、お中元や来客へのおみやげにして喜ばれています。

協力＝松下昭代
著作委員＝伊藤正江、筒井和美

〈奈良県〉

えその味噌漬け焼き

えそは昔から下魚といわれ、すり身は練り製品の原料にしますが、奈良県では古くから祭りの行事食にしてきました。とくに葛城山麓、奈良盆地の田原本や斑鳩など日本の古い歴史を刻む地域では、村祭りは「大和のえそ祭り」といわれるほど、どの家でもえその塩焼き、つけ焼き、煮つけなどがごちそうでした。えそは小骨が多いことを除けば、分厚い切り身で食べごたえがあり、皮もじっくり焼くと香ばしくおいしい魚です。海のない奈良県では鮮魚は普段口にできなかったのですが、秋が旬のえそは、秋祭りの頃は安く買える手頃な魚だったと思われます。

葛城市大畑では、隣町からいつも3日に1回来る魚屋が、秋祭りの前日には大きな運搬車をつけた自転車で大量のえそを積んできました。どの家庭もえそを買い、当日は塩焼きにして、しょうが醤油で食べました。聞き書きをした家では、お父さんが自家製のえんどう味噌に漬けたえそが好きだったので、味噌漬け焼きが定番でした。

協力＝木村匡子　著作委員＝志垣瞳、三浦さつき

撮影／五十嵐公

＜材料＞ 6〜7人分

エソ…1尾（約1kg）
えんどう味噌*…400g

*えんどう味噌の代わりに米味噌を使ってもよい。味噌の量は好みで加減する。

＜つくり方＞

1 エソはウロコ、頭、腹わた、尾を除いて腹開きにし、6〜7つの切り身にする。
2 バットに味噌の半量を広げてペーパータオルをおき、1のエソを並べる。その上にペーパータオルをかぶせて残りの味噌をのせ、一晩漬けこむ。
3 2のエソをとり出してグリルに入れ、火加減を調節しながら焦がさないように気をつけて焼き上げる。

◎味噌漬けする時間は好みの味になるよう調整してよい。

撮影／五十嵐公

<材料> 4人分

エイの切り身*…正味500g
水…2と1/2カップ
砂糖…大さじ2
みりん…1カップ
醤油…1/2カップ
酒…大さじ3

*三枚おろしにし、塩でもんで洗ったもの。

<つくり方>

1 鍋に水、調味料を入れ、エイの切り身を入れる。
2 鍋を火にかけて沸騰したら弱火で約1時間炊く。
3 2は鍋のまま一度冷まし、冷めたら再度同様に炊く。
4 器に魚を煮汁ごと移し入れる。冷めると煮汁が「煮こごり」になるので、切り身とともに食べる。

〈奈良県〉

えいの煮こごり

コリコリとした食感のえいの軟骨と、ゼラチン化した煮汁、煮こごりは白いご飯によく合う一品です。海産物の流通が難しかった時代から、奈良盆地で親しまれてきた料理です。えいは独特の臭みがありますが、その臭みのもと、アンモニアを含むため、普通の魚より腐敗しにくく、冷蔵技術のない時代でも内陸に運ぶことができました。塩もみをしたり、濃い味の調味料で煮たりすることで臭みを抑えられます。

冬の日常食で、正月にもつくられました。熱々の白いご飯にのせ、ご飯の熱で溶けたところを食べます。濃い味つけで魚を炊き、冷ますと寒さで煮汁がかたまり、煮こごりができます。えいそのものはともかく、煮こごりを食べたいがために、この料理をつくるともいわれています。

奈良市では、ひらめや鯛などを同様の煮汁で炊き、煮こごりを楽しんだそうです。煮こごりのことは「べろんべろん」とも呼び、えいだけでなく他の魚の煮こごりもそう呼びます。

協力＝中山容子　著作委員＝喜多野宣子

〈奈良県〉

はもの焼き物

海のない奈良県では、昔から海産物を使った料理は貴重でした。はもはハレの日の食事によく使われ、その焼き物は、奈良の夏を代表する料理の一つです。とくに大和高田市では7月の夏祭りに欠かせない料理で、今もつくられています。大和高田市は奈良盆地中西部の一角に位置し、大阪に隣接していることもあり、以前から大阪や伊勢からの海産物の流通もさかんでした。はもはウナギ目に属し、細長い姿と目元まで裂けた口が特徴で、生命力が強いので生きたまま内陸まで運べたのです。

「夏祭りのごちそうといえばはも」と、地元の人が思い出を語りだすほど、この地域では親しまれています。はもの骨切りは魚屋にまかせ、切り身を購入して調理します。焼き上がったはもから香ばしい香りが立ち、身はふっくらとして皮の部分はゼラチン質のぷりぷりとした食感が楽しめます。昔は夏祭りにもちをついていたそうで、今もその日は流しそうめんをしたりと、楽しみな夏の行事です。

協力＝西川智津子、田中千香子、影山博子
著作委員＝喜多野宣子

撮影／五十嵐公

<材料> 4人分

ハモ（骨切りされた切り身）
…4切れ（約500g）
うす口醤油…大さじ2
みりん…大さじ2
酒…大さじ2
砂糖…大さじ2
甘酢しょうが…適量

<つくり方>

1. 調味料をすべて混ぜ、たれをつくる。
2. たれを刷毛で塗りながら、ハモを魚焼き網またはグリルで身から焼く。少し焼き色がつき、身がふっくらと盛り上がってきたらひっくり返す。両面焼き色がついたらできあがり。
3. 器に盛り、甘酢しょうがを添える。

撮影／高木あつ子

〈大阪府〉
はもの皮ときゅうりの酢の物

夏の定番の酢の物です。はもの皮はコラーゲンをたっぷり含んでいて、さっぱりした中にも食べごたえのある一品です。

はもの皮とは、かまぼこ用に身をとったあとの皮を焼いて刻んだもので、たこやちりめんじゃこ、わかめと並んで、きゅうりの酢の物によく使われました。昔は商店街のかまぼこ屋で「はもの皮あります」と書かれた垂れ幕とともに新鮮な皮が売られていました。最近はかまぼこ屋自体が少なくなりましたが、かまぼこ専門の老舗やスーパーマーケット、デパートなどで入手できます。はもは梅雨の水を飲んでおいしくなるといわれ、大阪の三大夏祭りの一つ、天神祭には、はもの湯引きや皮ときゅうりの酢の物が欠かせません。

地域によってはきゅうりのザクザクともいいます。ザクザクは、きゅうりを切るときの音とも、かじったときの音ともいわれます。パリッとした歯ざわりの大阪の伝統野菜「毛馬（けま）きゅうり」を使うと、とくに歯切れよく食べられます。

協力＝狩野敦　著作委員＝山本悦子

＜材料＞ 4人分

ハモの皮…40g
きゅうり*…240g（2〜3本）
塩…小さじ1/3
三杯酢
- 酢…大さじ2強
- 砂糖…大さじ1と1/2
- 塩…小さじ1/2
- うす口醤油…少々
- しょうが汁…小さじ1強

針しょうが…少々

*大阪の伝統野菜「毛馬きゅうり」なら1本。

ハモの皮

＜つくり方＞

1 ハモの皮に少量の酒（分量外）をふりかけ、鍋でさっとから炒りする。
2 きゅうりは小口切りにしてボウルに入れ塩をふり、ざっと混ぜる。10分ほどおき、しんなりしたら軽くしぼる。
3 三杯酢をつくり、ハモの皮ときゅうりを和える。
4 器に盛りつけ、針しょうがを天盛りにする。

◎ハモの皮がないときは刻みアナゴで代用できる。

〈大阪府〉ごより豆

乾燥させた小魚や小えびと大豆を甘辛く煮た常備菜で「ごより豆」や「ごまめ」と呼ばれます。府南西部の泉州・岸和田でとくに親しまれてきました。大豆を水戻しせずに煮ると、しっかりとした歯ごたえになり、大豆の風味も残ります。

大阪湾では昭和30年代までは地曳き網漁が盛んで、売りものをより分けたあとのねぶと(テンジクダイ)や小えびなどの雑魚を「後より」と呼んで地元で利用してきたそうです。「ごまめ」とも呼ぶのは、ねぶとやえびではなく、干したいわしの幼魚(ごまめ)と大豆でつくることも多かったためかと思われます。

普段のおかずにたっぷり食べるときは薄味にして、田植えなどの繁忙期には濃い味のあめ炊きで保存食にしたりと、臨機応変につくりました。

府北部の豊能・三島地域でも、茨木から「もろこいりまへんか」と川魚を売りに来たときや池の水を抜いたときに、川魚や川えびを大豆と炊いた「じゃこ(雑魚)豆」がよくつくられていました。

協力=原貞子、加堂幸三郎・裕規、山本善信・桂子　著作委員=原知子、東根裕子

撮影/高木あつ子

＜材料＞つくりやすい分量

大豆…100g
ごより*…20～40g
砂糖…大さじ2
醤油…大さじ1
だし汁(昆布とかつお節)…500mℓ

*大阪湾でとれる雑魚を天日乾燥したもの、ネブト(テンジクダイ。写真左)やえびじゃこ(小型のえび。写真右)がおもな原料。

ごより

＜つくり方＞

1 大豆を水洗いする。厚手の鍋に冷ましただし汁と大豆を入れ、弱火で約1時間、やわらかくなるまで煮る。
2 ごよりをフライパンで焦がさないようにから炒りする。
3 大豆がやわらかくなったら、砂糖、醤油を加えて煮つめていく。
4 煮汁が少なくなったらごよりを加えてからませ、煮汁がなくなるまで煮る。

◎ごよりとだし汁でなく、ごまめ(いわし幼魚の素干し)と水でつくってもよい。ごよりは近年入手しにくくなっている。

◎大豆300g、ごより40g、だし汁800mℓ程度にし、3で砂糖を1カップ入れ、砂糖が溶けたら醤油大さじ3を入れ、ときどき鍋返しをしながら煮つめて照りを出すとあめ炊きとなる。

＜材料＞ 4人分

ネブト…160g
小麦粉…大さじ1と2/3
かたくり粉…大さじ1と2/3
揚げ油…適量
塩…少々

ネブトは頭にかたい石（耳石）があるので、必ず頭をとって調理する（撮影／木村安美）

撮影／高木あつ子

＜つくり方＞

1 ネブトは腹を上にして頭と尾を持ち、頭を下に折るようにして内臓と頭を一緒にとる（写真①）。
2 塩水で洗い、ペーパータオルに並べて水けをとる（写真②）。
3 小麦粉とかたくり粉を合わせて、魚に軽くまぶす。
4 中温の油で揚げ、熱いうちに塩をふる。

①

②

南蛮漬けにしてもおいしい

〈広島県〉ねぶとのから揚げ

瀬戸内海では底曳き網漁により5cmサイズの小魚がよく水揚げされます。そのひとつ、ねぶと（テンジクダイ）は夏が近づくと福山市内のスーパーなどでよく見かける魚で、ねぶとのから揚げは地元ではおやつや酒の肴としておなじみです。小さい頃から慣れ親しんでおり、帰省した家族も懐かしいと持ち帰ったりするそうです。南蛮漬けや、ほかの小魚と一緒にすり身にして揚げて、がす天（てんぷら）にしてもおいしいです。

県外から来て初めてこの魚を調理した人から、丸ごと揚げたらジャリジャリして食べられなかったという話を聞きましたが、ねぶとは別名いしもち、いしかべりで、頭の部分に石を持っています。そのため必ず頭をとります。たくさんの小魚の頭をとるのは大変なので、頭をとったものが売られているとそちらを買うこともあるそうです。

ねぶとは備後圏域の地元の漁師がおすすめする魚「備後フィッシュ」にも選ばれており、から揚げは学校給食にも登場しています。

協力＝河村美保、福山市食生活改善推進員協議会、岡田幾香　著作委員＝木村安美

〈宮崎県〉
ふくとの煮つけ

「ふくと」はふぐのことで、淡泊なふぐを甘辛く煮つけた、ご飯のすすむ料理です。日向灘（ひゅうがなだ）に面した一帯などで食べられています。地元では、魚の表面の色でシロサバフグを金ふぐ、クロサバフグを青ふぐと呼びます。味に大差はありませんが、強いていえば、金ふぐの方が身がきれいでクセがありません。

宮崎県で食べているふぐには、毒性がないといわれ、昭和30年代は肝を焼いて刺身のたれにしたり、煮つけに肝も入れ、そのだしをとって食べていましたが、今は「ふぐ調理師」により、肝などは除かれ、皮をはいだ状態のものが店頭に並んでいます。

ふぐは小骨がなく食べやすいため、子どもも大好きです。ふぐの出回る秋から冬、ふぐの料理が出るのを待ちかねるのは昔も今も同じです。煮汁が残れば、その煮汁でつくる里芋の煮ものもうれしい一品です。現在、シロサバフグは「みやざき金ふぐ」という県のブランド魚になり、焼き切り、から揚げ、鍋など、多様に調理されています。

協力＝江藤美穂子、市来原進
著作委員＝長野宏子、篠原久枝

＜材料＞ 4人分

金フグ*（シロサバフグ）
　…約600g（処理済みの魚2尾）
砂糖…大さじ4（36g）
酒…少々
醤油（濃口・うす口半々）…35mℓ
しょうが…小1かけ（30g）
水…1カップ強（魚の30〜40％重量）

*金フグは処理済みのものを購入。

◎酒やみりんを使う場合は水の量をその分減らす。

金フグ

青フグ（クロサバフグ）の煮つけ。味は金フグとほとんど変わらない

＜つくり方＞

1 湯を入れたボウルでフグを湯通しするか、魚に湯をかけて臭みをとる。
2 しょうがは半分は輪切りにし、半分はせん切りにする。
3 鍋に、魚の半分がひたるくらいの水を入れ、砂糖、酒を加えて強火にかけてひと煮立ちさせ、醤油、しょうがの輪切りを入れる。
4 汁が煮つまるまで中火で煮る。途中、魚から水分が出るが、そのまま煮つめ、その間、煮汁を魚の表面にかけるとよい。器に盛り、せん切りのしょうがをのせる。

金フグのおろし方

腹側の皮に切れ目を入れて手でむきとる（写真①〜③）。内臓をとり、きれいに水洗いする。

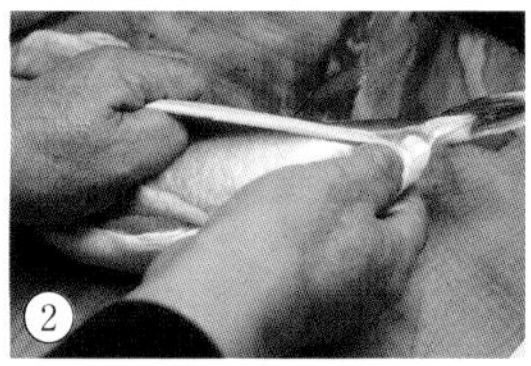

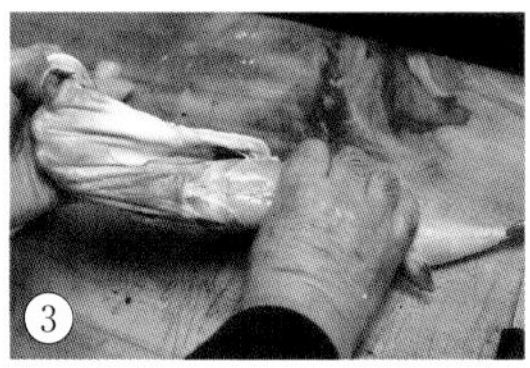

おろしたフグの身、皮、内臓

撮影／高木あつ子

〈山口県〉

ふぐのから揚げ

ふぐは福に通じる「ふく」と呼んで縁起がよい魚とされています。1989年には県の魚にもなりました。ふぐ食は明治時代に伊藤博文により山口県のみ解禁となった歴史があります。

とくに下関を中心とした関門地域では、ふぐの熟成技術が洗練されています。ふぐの身は生ではかたくて食べられないため、関東や関西では加熱する鍋料理が主でした。しかし関門地域では、下処理したふぐを晒(さらし)で巻き、数日間熟成させて身をやわらかくし、生食を可能としてきました。

家庭ではふぐは鍋や汁にすることが多かったですが、揚げ物の普及とともに、から揚げも定番の食べ方になりました。淡泊なふぐ料理が多い中で、味の幅を広げる役目を果たすようで、今ではふぐ料理コースでもおなじみの一品です。トラフグのような高級ふぐに比べると手頃なカナトフグはとくに味が淡泊で、から揚げなどの調理に適しているともいわれます。

著作委員＝福田翼、池田博子

撮影／高木あつ子

＜材料＞ 4人分

カナトフグ（シロサバフグ）*…250g
醤油…大さじ1
酒…大さじ1
にんにく…5g
しょうが…5g
かたくり粉…適量
レモン…1/2個
ししとう…12本
揚げ油…適量

*カナトフグの皮や内臓、頭などをとった状態を「身欠き」と呼ぶ。フグ調理には資格が必要なため、身欠きにされたフグを購入する。下関では、フグの身欠きがスーパーなどで並んでいる。

＜つくり方＞

1 フグは大きい場合はぶつ切りにする。醤油、酒、すりおろしたにんにくとしょうがを混ぜてフグによくもみこみ、10分おく。
2 ペーパータオルで水分をふきとり、かたくり粉をまぶして170℃の油で3分くらい揚げる。
3 敷き紙を敷き、2を盛りつけ、くし形切りのレモンと素揚げしたししとうを添える。

撮影／戸倉江里

＜材料＞5人分

アマダイの切り身（刺身用）…200g
白ごま…大さじ2
砂糖…大さじ1と2/3
酒（煮切り）…大さじ2
醤油…大さじ1と1/2
卵黄…1個分
小ねぎ…適量

＜つくり方＞

1 アマダイをそぎ切りする。
2 すり鉢でごまを粗くすり、砂糖、酒、醤油を加えて混ぜ合わせ、ごま醤油をつくる。
3 2のすり鉢に1のアマダイを入れ、ごま醤油と混ぜ合わせる。
4 大皿に盛りつけ、卵黄をのせ、小口切りのねぎを散らす。卵黄をつぶして混ぜ、とり分けて食べる。

〈佐賀県〉

あまだいのごま醤油

ごまをすって醤油、酒、砂糖で味つけしたごま醤油であまだいを和え、卵黄を溶き混ぜていただきます。ごまの風味と油けに卵黄のコクが加わり、濃厚なおいしさです。焼き物の町・有田で、夕食や客膳用につくられました。

あまだいは身に水分が多くやわらかいため、刺身にはいまひとつと思われていますが、鮮度のよい刺身は少しねっとりとした上品な甘みとうま味が口の中に広がります。有田は伊万里港や長崎の佐世保港が近いので新鮮な魚が手に入り、昔から町の魚屋でも近海ものは生で売られていました。長崎は全国的に見てもあまだいの主産地なので、有田でも比較的手に入りやすかったと考えられます。あまだい以外にも、いとよりや鯛など季節に応じた新鮮な白身魚やさばなどもごま醤油で食べました。

家々で鶏を飼っていたので、卵は買わずに使うことができました。ごま醤油のごまは完全にはすらず、粗く形を残した方がおいしいといいます。

協力＝松本郁子、松尾浩子
著作委員＝武富和美、西岡征子、萱島知子

〈鹿児島県〉

さつま揚げ

さつま揚げの名称で県内外に知られていますが、この呼び名は最近であり、地元では今も、つけあげ、ちきあげなどと呼ばれています。江戸時代に琉球から渡来した料理チキアーゲに由来するとも、島津斉彬（なりあきら）公が産業発展のために考案させたともいわれています。

地域によって原料や形に特徴があり、土地土地の味があります。東シナ海に面するいちき串木野市では、以前はたくさんとれるえそを使いました。えそはすり身として最高級の魚で、弾力が強いので豆腐を加え、小判形につくりました。錦江湾に面し漁業がさかんだった鹿児島市内の谷山地域には、切り口が茶色っぽく小骨感のある小判形や棒状のつけあげがあります。

子どもの頃は学校から帰ると家の手伝いで、魚のすり身をよくすり、それにしぼった豆腐を加えてつくるのが役目だったという人もいます。魚の旨みがぎゅっと詰まった揚げたてに醤油をかけて、ふうふういいながら食べるのはこの上ないおいしさだったそうです。

協力＝久木山睦男、中村淳一
著作委員＝木之下道子、森中房枝

奥が野菜なし、手前右はにんじん・ごぼう入り、左はにら・しょうが入り

撮影／長野陽一

＜材料（野菜なし）＞4人分

タイ、エソ、アジなど…正味600g
豆腐…1丁（300g）
山芋…50g
溶き卵…1個（50g）
塩…小さじ1
うす口醤油…大さじ1
濃口醤油…大さじ1/2
砂糖…大さじ1
灰持酒（あくもちざけ）*…大さじ2〜4
かたくり粉…大さじ2〜4
揚げ油…適量

*濃厚な甘味とうま味がある、みりんにも似た鹿児島の伝統的な酒。木灰を用いて保存性をもたせているので、灰持酒といわれる。

上からタイ、エソ、アジ。他にトビウオ、イワシなどでもつくる

＜つくり方＞

1 魚は三枚におろし、小骨や皮を除いて細かく切り、すり鉢で粘りが出るまでよくする。
2 豆腐は布巾で包み、しぼって水分をきる。
3 1のすり身に2の豆腐をほぐしながら加え、さらによくする。
4 すりおろした山芋、溶き卵を加えてすり、調味料を順に加えてすり混ぜる。
5 耳たぶくらいのかたさになるようかたくり粉で調節し、大さじ3〜4の量を手にとり、丸める。
6 鍋にたっぷりの油を入れて火にかける。150℃程度になったら5を小判形に整え、ゆっくり揚げる。すり身が手につくときは地酒を手につけて形をつくる。
7 きつね色になったらとり出し、器に盛りつける。

◎野菜を入れるときは、工程5のかたくり粉を入れる前に混ぜる。にんじんせん切り＋ささがきごぼう、1cm長さのにら＋しょうがのしぼり汁かせん切りなど。

沖合でとれる魚

陸地が見えなくなる、水深数百メートルを超える海域では、きんきやあんこう、のどぐろやめひかりといった脂ののった魚がとれます。沿岸から沖合を遊泳するさめも、加工品の原料や内陸部まで運べる鮮魚として重要なものです。

〈秋田県〉きんきの塩焼き

きんき（キチジ）はカサゴ目カサゴ科で、きんきんとも呼ばれる赤い魚です。昔から奥羽山脈を越えて、岩手や青森から運ばれてきました。県産の魚でないことと、はたはたへの愛が強いためか秋田の郷土料理の本にはあまり出てきませんが、年取りや正月の膳など秋田のハレの日にはなくてはならない魚です。とくに日本海側より奥羽山脈側の県南地域で食べられているようです。結婚式の料理では鯛よりもきんき、という地域もまだまだ多く、正月におせちは食べないが、きんきだけは食べるという家庭もあるそうです。

昔は体長30㎝ほどの大型のきんきを串に刺し、囲炉裏の灰や外の雪の上に刺して炭で焼いたそうです。焼けるのを見張るのは子どもの役目で、脂の焼けるおいしい香りをかぎ、やわらかで濃厚な白身を味わい、魚を好きな子どもが育っていったのでしょう。魚は、あらかた食べた骨と頭に豆腐やねぎを加えて煮て、骨までしゃぶりつくすように大事に食べました。

協力＝三沢多佳子、鈴木典子、小林輝子
著作委員＝駒場千佳子

撮影／高木あつ子

＜材料＞ 1尾分

キンキ…1尾（約300g）
塩…小さじ1弱
大根おろし…50g
黄菊（食用菊）…1個

キンキは、秋田の年取り魚

＜つくり方＞

1 ウロコとりや包丁で、ウロコをとる。大きいウロコの下の身はやわらかいので、注意してとる。
2 エラブタをあけ、出刃包丁や調理ばさみで、エラの根元を切りとる。魚の裏側（盛りつけの正面は、頭が左で腹が手前）に、胸ビレのつけ根あたりから、尾の方に4〜5㎝の切れ目を入れ、内臓を包丁や手でとり出す。血やウロコを水で洗い流す。
3 塩をして、15分ほどおく。
4 水けをふきとり、焼く。魚が大きいのでオーブンで焼くとよい（220℃で約20分）。胸ビレが焦げて欠けたりしないよう、適宜アルミホイルをかける。
5 菊の花びらを摘み、多めの湯に酢少々（分量外）を加えてゆで、水にとってしぼる。大根おろしと混ぜて、前盛りにする。

◎頭やヒレにトゲがあるので、指を刺さないように気をつける。ゴム手袋をするとよい。

◎塩をしてしばらくおいておくと水が出る。そのまま焼くと生臭くなるので、よくふきとること。

撮影／長野陽一

<材料> 2人分

メヒカリ（アオメエソ）…10尾
かたくり粉、塩、こしょう…適量
揚げ油…適量

目が大きく、青く光っているためメヒカリと呼ばれる

<つくり方>

1 メヒカリはウロコをとり除く。苦味が気になる人は頭や内臓もとり除く。洗ってペーパータオルで水けをふきとる。
2 メヒカリにかたくり粉と塩、こしょうを混ぜた衣をまぶし、180℃の油でカラッと揚げる。

〈福島県〉

めひかりのから揚げ

いわき市で水揚げされた水産物は昔から「常磐（じょうばん）もの」として全国の水産関係者の間でも高く評価されていました。深海魚のめひかりもその一つ。冬を代表する魚で、古くから地元で親しまれてきました。県内有数の港町である小名浜港では、めひかりの水揚げの時期になると刺身や天ぷら、フライ、南蛮漬けなどさまざまに調理されます。なかでもよくつくられているのがから揚げです。

新鮮なめひかりを丸ごと揚げたから揚げは、ふんわりとした食感で、頭や内臓のほんのりした苦味も酒によく合います。福島県産のものは皮が薄く脂ののりがよく、地元だけでなく県内外からもめひかりを目当てに観光客がくるほど。めひかりの干物も名産品の一つで、漁港周辺では整然とならんだめひかりの天日干しの風景が風物詩となっていました。

原発事故後は試験操業が続いているため、地元産のめひかりはなかなか手に入りにくくなっています。

協力＝鈴木純子、石村由美子
著作委員＝阿部優子

〈茨城県〉

あんこうのとも酢和え

あんこうの肝を合わせた酢味噌に、同じゆでたあんこうのあっさりした身や、煮こごり状になったコラーゲンたっぷりのプリプリした皮と胃袋などをつけて食べることで、あんこうの濃厚な味わいと食感が楽しめる料理です。合わせ酢に、その料理と同じ材料を混ぜたものをとも酢といいます。

県の最北端に位置する北茨城市は、古くから農業と漁業を中心に栄えてきました。市の漁港の一つである平潟港では、底曳き網漁がさかんで、ひらめ、かれい、水だこ、あんこうの水揚げ量が70％程度を占めています。北茨城市でも農業中心の地域では昭和30年代の主食は麦飯でしたが、平潟では白飯が普通で、毎日水揚げされる魚を主菜とし、同じ市内でも当時から豊かな食生活でした。近年、あんこうの水揚げ量が減っていることから、平潟でもあんこうのどぶ汁（あんこう鍋）を食べる回数は減っていますが、とも酢和えは、冬場は家庭で日常的に、また初午の料理として食べられています。

協力＝北茨城市食生活改善推進員協議会、魚の宿まるみつ　著作委員＝渡辺敦子

撮影／五十嵐公

＜材料＞ 4人分

アンコウ（肉、皮、胃袋、肝）
…400g（下ごしらえしたもの）
味噌…大さじ2と1/3
砂糖…大さじ2
酢…大さじ1
わかめ…40g

＜つくり方＞

1 さばいたアンコウと肝は食べやすい大きさに切り、熱湯でゆでて冷ます。肝をすり鉢に入れてよくすりつぶす（写真①）。
2 1のすり鉢に調味料を入れてよく混ぜ合わせ、とも酢をつくる。
3 アンコウを器に盛り、わかめを添え、とも酢をつけたり、かけたりしていただく。

◎アンコウの下ごしらえ：アンコウは塩水でよく洗い、大きな木に下唇をつり下げ、口から大量の水を注ぎ、安定させてからおろす（つるし切り）。あとはアンコウの七つ道具と呼ばれる各部位（皮・肉・卵巣・胃袋・エラ・ヒレ・肝）にさばく。小さなアンコウを家庭でさばく場合は、新聞紙の上で行なう。

和える前のゆでた肉（右）と皮。骨以外すべての部位が食べられる

撮影／五十嵐公

さがんぼの切り身。もろ（ネズミザメ）も同様に食べる

＜材料＞4人分

さがんぼ（アブラツノザメ）
　…4切れ（1切れ約80g）
煮汁
- 水…1〜1と1/2カップ
- 酒…大さじ3
- 醤油…大さじ2
- 砂糖…大さじ1と1/3
- みりん…大さじ1と1/3

＜つくり方＞

1. 鍋に煮汁の材料を入れて火にかけて、煮立ったら魚がくっつかないように入れる。
2. 中火にして10分くらい煮てできあがり。途中で煮汁が少なくなったら、ときどき魚に回しかける。

〈栃木県〉

さがんぼの煮つけ

海に面していない内陸の栃木県では、魚といえばふなやどじょう、ざっこ（雑魚）など川の恵みを食べていました。海の魚介は茨城県の北部から運ばれてくるものが多く、昭和40年代に魚がトラック輸送されてくるようになるまでは、ほとんどが干物や新巻鮭でした。そんな中で生で入手できた数少ない海の魚がさがんぼと呼ばれるさめ（アブラツノザメ）です。さめの身にはアンモニアができるために腐敗が抑制され、県の奥地まで鮮魚で運ぶことができたのです。煮つけにして、祭りのごちそうとしても食べられました。独特の臭いも、煮つけにすると気にならずおいしくいただけます。県内では宇都宮周辺で比較的よく食べたようで、これは流通の便によると思われます。

さがんぼという呼び方は、頭を切りとった胴の部分がツララに似ていて、ツララを北茨城ではさがんぼといったことに由来しているそうです。もろというさめ（ネズミザメ）も同様に食べ、どちらも根強い人気があります。

協力＝藤田スミ　著作委員＝藤田睦、名倉秀子

〈東京都〉

おでん

関東のおでんは、だし汁は昆布とかつおぶしの合わせだしで、煮汁は醤油味、具にはんぺん、すじ、ちくわぶが欠かせません。はんぺんとすじの原料は、もともとはさめです。江戸時代の東京湾にはさめ場と呼ばれる漁場がありました。当時、さめのヒレ（ふかひれ）は中国への輸出品で、残ったさめの肉ではんぺんがつくられました。さめの肉には筋(すじ)が多く、とり除いた筋でつくったのが、練り物のすじです。東京には現在も、はんぺんとすじの原料にアオザメやヨシキリザメを使っている店があります。ちくわぶは小麦粉を練ってちくわのようにしたもので、煮汁がしみこむとモチモチとして、すいとんのような味わいになります。

昔はおでん種だけを売る専門店があり、店先のかごに好みのものを選んで入れ、購入しました。辛子は粉辛子を必要な分量だけ水で溶いて使います。こたつで大きな土鍋を囲んでにぎやかに家族と話をしながら食べたことは楽しい思い出のひとつだそうです。

協力＝青木由佳、中根明子
著作委員＝成田亮子、加藤和子

＜材料＞4人分

大根…8cm（280g）
焼きちくわ…1本（150g）
ちくわぶ…1本（170g）
こんにゃく…1枚（200g）
結びしらたき…4個（100g）
厚揚げ…1枚（150g）
いか巻き…4本（140g）
がんもどき…4個（80g）
つみれ…4個（80g）
すじ（さめ）…1本（200g）
はんぺん…1枚（100g）
卵…4個
煮汁
- 水…7と1/2カップ
- 昆布（煮物用）…40cm（40g）
- かつお節…15g
- 砂糖…大さじ1弱（8g）
- みりん…大さじ2
- 醤油…大さじ4
- 塩…小さじ1

練り辛子…好みの量

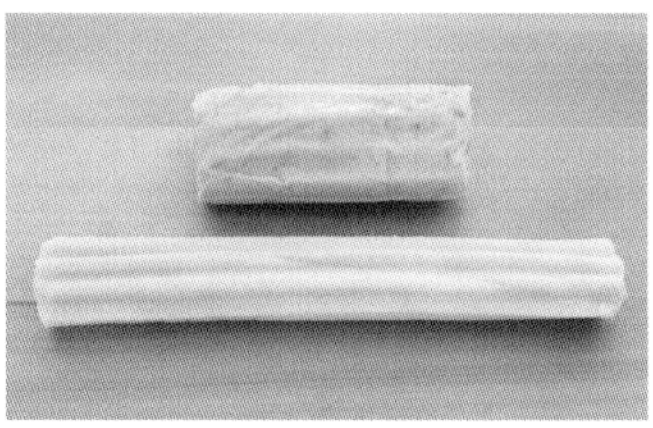

すじ（上）と、ちくわぶ。どちらも棒状のものが売られている

＜つくり方＞

1 鍋に分量の水を入れ昆布をつける。昆布がやわらかくなったら縦に半分の幅に切り、約20cm長さに切って結ぶ。昆布を浸しておいた鍋を火にかけ、かつお節を入れてだしをとり、調味料を加えて煮汁の味つけをする。
2 大根は皮をむいて2cm厚さの輪切りにする。ちくわ、ちくわぶは斜めに切る。
3 こんにゃくは三角形に切り、味がしみこむように表面に切りこみを入れる。しらたきとともに下ゆでをする。
4 厚揚げは三角形に4つに切り、いか巻き、がんもどきとともに熱湯をかけて油抜きをする。つみれはそのまま、すじは1cm厚さに切る。はんぺんは三角形に4つに切る。
5 卵はゆで卵にする。
6 土鍋にはんぺん以外の材料を入れて1の煮汁を入れ、ひと煮立ちしたら弱火で煮こむ。はんぺんは煮すぎるとしぼむので、最後に入れてさっと煮る。
7 好みで練り辛子をつけて食べる。

撮影／長野陽一

〈新潟県〉

さめのにこごり

県最西部の上越地方では、冬の貴重なたんぱく質源としてさめをよく食べます。さめは鮮度が落ちにくく、とくに交通不便な山間部では貴重な食材でした。年越しやおせち料理には欠かすことができず、さめの煮物の汁で根菜類を煮るとだしがきいておいしく、故郷の懐かしい家庭料理です。鮮度のよいものは、ぬたや焼き物などにして年中食べます。12月に入るとスーパーや産直市場にさめが並ぶのはこの地域の風物詩です。

さめのにこごりは、さめ皮のコラーゲンがゼラチンに変化して低温で固まる性質を利用した料理で、甘いデザート感覚ではなく、魚料理の一品として重箱の寄せ物などでいただきます。

手間ひまかけて寒い時期につくり、冷蔵庫のない時代に自然の中で編み出された先人の知恵でした。透き通った深い茶色でかすかなしょうがの香りがし、まろやかな風味と食感が口に広がります。1週間ほど保存できますが、切って冷凍することもできます。

協力＝松倉久枝、佐藤幸恵　著作委員＝山田チヨ、松田トミ子、長谷川千賀子

撮影／高木あつ子

＜材料＞ 20×15×7cmの流し缶1個分

サメ*の皮…150g
水…2と1/2カップ
しょうが…10g
酒…大さじ2
醤油…大さじ3
砂糖…大さじ1
みりん…大さじ1
塩…小さじ1

*「モウカザメ」と呼ばれるネズミザメがよく使われる。

＜つくり方＞

1. サメの皮を下処理する。大きめの鍋に、サメの皮がかぶるくらいの水と酒（いずれも分量外）と、むいたしょうがの皮を加えて中火にかける。沸騰したら、サメの皮を入れて煮すぎないようにさっと湯通ししてザルにとる。皮表面のザラザラした部分を、金だわしやスプーンでこすり落としながら水洗いする。
2. 皮を薄い短冊切りにする。かたいのでキッチンばさみを使うとよい。
3. 分量の水を沸かし、サメの皮と酒、しょうが汁を入れ、弱火で10〜15分、アクをとりながら煮る。
4. 醤油、砂糖、みりん、塩を加えて調味し、5分ほど煮たら、型に流し入れる。あら熱がとれたら冷蔵庫に入れて固める。半日くらいで固まる。
5. 長方形や正方形に切って盛りつける。

撮影／長野陽一

〈三重県〉

さめのたれ

味をつけたさめの身を干したもので、あぶって食べます。戦前は単に「たれ」と呼ばれていましたが、戦後、エイのたれが出回るようになり、区別するためにこう呼ばれるようになりました。「鮫垂」と書き、その由来は前処理でさめの身を細長くそいで干すとき、垂れ下がる形になるため、また干すときに水分が垂れるから、などといわれますが、定説はありません。アンモニア臭が強いさめを、塩蔵することでアンモニアの発生を防ぐ、理にかなった加工法です。

伊勢神宮では古代からさめを神饌とし、伊勢志摩では昔からさめを食べる習慣があります。志摩では「鮫」に「交わる」という字が入っているため縁起がよいと考えられ、人が集まるときには必ずさめなますが出され、伊勢市の一部ではさめの皮の煮こごりがつくられています。さめのたれは「さめんたれ」といわれ、伊勢市、鳥羽市の離島、志摩市の一部などで、年中つくられ、酒のあてや弁当のおかずとして食べられています。

協力＝浜口ケサ　著作委員＝成田美代

<材料> つくりやすい分量

小型のサメ*…1尾

【塩垂（しおたれ）】

サメの切り身…20切れ（80g）

塩…サメの6％重量

【味垂（あじたれ）】

サメの切り身…20切れ（80g）

みりん…90g
醤油…90g
砂糖…30g
（3：3：1の割合）

*おもにホシザメが使われる。漁の網に偶然かかったものを利用。魚屋などには並ばないため、漁師に頼んでおいてとれたときに声をかけてもらうのが一般的な入手方法。

<つくり方>

1 サメは三枚におろす。
2 腹骨をむきとる。血合い部分を除くように皮を厚めにむく。
3 身を幅7〜8cmに切る。切り身を90度動かし、観音開きの要領で厚みを1〜1.5cmに整える。味垂用には厚みを1cm以下の薄めの切り身にする。

【塩垂】

切り身に塩をふる。ネットなどに入れ、風通しのよいところにつるして風乾し、ときどき上下を返して均等に乾かす。乾燥は1〜3日で半乾き状態でよい。塩分が多いので、腐敗しにくい。冷蔵で1週間、冷凍で数カ月保存可能。

【味垂】

調味料を合わせ、切り身を1〜2時間漬けこむ。塩垂と同様に風乾する。

◎軽くあぶって食べる。半生干し状のおいしさを味わうには、焼きすぎないことと焼き立てを食べること。焼けたらすぐ1cm幅に切るか手で裂く。そのままでも塩味が強いが、三杯酢をかけたり、スルメのように七味唐辛子とマヨネーズをつけてもよい。

〈広島県〉

わにの刺身

「わに」とは、さめのことです。備北（県北東部）の山間部にある三次（みよし）市や庄原市では、かつては手に入る唯一の刺身がわにでした。わには鮮度が落ちると筋肉中にアンモニアが生成され、それが腐敗を遅らせます。山陰地方で水揚げされたわには中国山地を越えて運ばれ、山間部の貴重な無塩（ぶえん）（なまもの）の魚として祭りや正月に欠かせませんでした。

刺身はやわらかくあっさりとした味で、加熱をすると鶏肉のような食感になります。今はスーパーにも日常的に並び、煮たり焼いたり、揚げたりもしますが、最も好まれるのは、現在も刺身です。古くなるとアンモニア臭がしますが、当時はそれを好む年配の人が多かったそうです。子どもたちも祭りや正月にはたくさん食べられると楽しみで、みんなで腹が冷えるほど食べました。さめは「ネズミザメ」がおいしかったといいます。鮮度が落ちたときは、しょうが醤油につけてから揚げにしました。

協力＝福場和子、森田葉末、下光小夜子
著作委員＝北林佳織

撮影／高木あつ子

<材料> 4人分

ワニ（ブロック）…200g
大根、春菊*…適量
しょうが…適量
醤油…適量

*葉が肉厚でやわらかく、丸みがある大葉（おおば）春菊。生で食べられる。

<つくり方>

1 大根はせん切りにする。
2 ワニのブロックを引き切りにして刺身をつくる。
3 大根のせん切り、春菊の上に、刺身を盛りつける。
4 しょうが醤油で食べる。

◎臭い消しのため、昔から春菊を添え、しょうが醤油で食べる。

撮影／長野陽一

＜材料＞4人分

メギス…8尾
だし汁（昆布とかつお節）…4カップ
塩…小さじ1と1/3
みりん…大さじ2
酒…1/2カップ
うす口醤油…大さじ1と1/3
しょうが…15g
青ねぎ…適量

＜つくり方＞

1. メギスは、内臓を除いてきれいに洗う。
2. だし汁にうす切りしたしょうが、メギス、調味料を入れて5分ほど中火で煮る。
3. さらに調味料がしみる程度に弱火で5分ほど煮る(煮すぎると旨みが抜ける)。
4. 器に盛り、汁を張り小口切りした青ねぎをのせる。

〈福井県〉

めぎすの塩いり

めぎす（ニギス）は、福井の一般大衆魚といえる魚です。日本海では9月から底曳き網漁が始まり、めぎす、はたはた、赤かれいなどが水揚げされます。なかでもめぎすは、スーパーなどで十数尾が1パックで安価に売られています。味は淡泊ですが適度に脂がのっており、独特の旨み（コク）とのバランスがよいものです。身は骨離れもよく、ほどよく弾力があって、高級魚のような繊細な味わいで、淡い味つけの塩いりや塩ゆでが好まれます。調理が簡単なのも家庭で重宝される理由でしょう。

かつて、海沿いの地域では、海水を汲んできて魚をゆでてから炒って食べたことから「塩いり」と呼ばれるようです。塩も高価だった時代に海水を上手に利用したのでしょう。現在では、塩水でゆでた魚を酢醤油などで食べたり、あまり調味料の色を濃くつけずにさっと煮た料理全般が「塩いり」と呼ばれます。淡泊で多少脂のあるはたはたやかれいなどにも合う料理法です。

協力＝笹岡寛文
著作委員＝佐藤真実、森恵見、谷洋子

〈兵庫県〉

焼きぎすと大根の煮物

県北部で日本海に面する香住（かすみ）港の主力漁業である底曳（び）き網漁では、松葉がに、かれい、はたはたなど季節に応じてさまざまな魚種が水揚げされます。ニギスは5月と9月が旬で、姿形がキス科のシロギスとよく似ていることからきすとも呼ばれていますが、シロギスとはまったく別の種類のニギス科の魚です。名称は「似鱚（にぎす）」から来たともされています。身がやわらかく傷みが早いため、鮮魚よりも串に刺して素焼きにした焼きぎすや干物などに加工してから流通することが多いのです。

焼きぎすと野菜の煮物は香ばしさと白身魚の上品な味わいが野菜にしみ、魚もおいしくいただける重宝な一品です。安価で簡単にできるおかずとしてよくつくられます。大根や玉ねぎ、キャベツなどとよく合います。地元では昆布巻きの芯にも用い、また、新鮮な生のニギスをすり身にして味噌仕立てのだんご汁にしたり、野菜と混ぜて揚げたてんぷら（はんぺん）にすることもあります。

協力＝小柴勝昭、秋山芳子、和田耕治
著作委員＝片寄眞木子、原知子、本多佐知子

撮影／高木あつ子

＜材料＞4人分

焼きぎす…6尾（2串・約200g）
大根…1/2本（400g）
赤唐辛子…1/2本
油…大さじ2/3
だし汁（煮干し）…1と1/2カップ
みりん…大さじ2
うす口醤油…大さじ2*

*焼きぎすに塩分があるときは醤油の量を加減する。

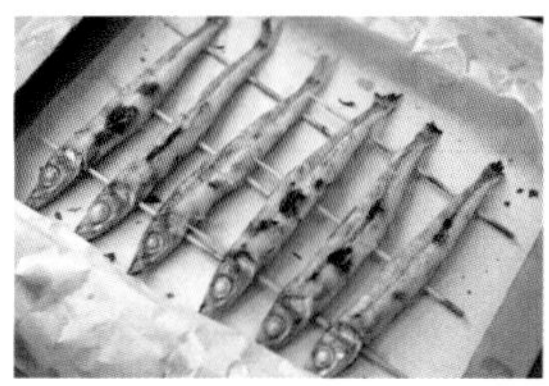

焼きぎす。3尾で1串が焼いた状態で売られている

＜つくり方＞

1 焼きぎすは串からはずし、半分に切る。
2 大根は拍子木に切る（2cm角×6cmくらい）。
3 赤唐辛子は種をとり小口切りにする。
4 鍋に油を入れて温め、赤唐辛子を加えて風味を移し、大根を入れて油をなじませる。
5 だし汁をひたひたになるまで入れ、焼きぎすを加えて煮る。
6 あくをとりながら、大根がやわらかくなるまで弱火で煮て（約40分）、みりんと醤油を加える。煮汁が1/3程度になるまでゆっくり煮る。

撮影／長野陽一

＜材料＞ 4人分

マンボウの切り身（生）…240g
肝…好みの量
酢味噌
- 白味噌…大さじ2（40g）
- 砂糖…大さじ1と1/3
- 酢…大さじ1と1/3
- 塩…少々
- 練り辛子…適量

青ねぎ…適量

＜つくり方＞

1 マンボウは食べやすい大きさに手で裂いて（写真①）、サッと熱湯に3回くぐらせる（写真②）。3回目はやや長めにし、ザルで水けをきる。
2 肝を湯通しして、すり鉢ですりつぶす。
3 酢味噌の材料を合わせ、2の肝を加える。
4 マンボウが冷めたら3で和え、彩りに刻みねぎを添える。

〈三重県〉

まんぼうの酢味噌和え

熊野灘に面する東紀州は、11月から5月頃のぶりの定置網にまんぼうがかかります。まんぼうは畳1畳分ぐらいの大きさですが、皮がかたくて厚く、食用となる身、肝、腸の部分は多くはありません。そのため船上で解体し、大半を海に捨てて食用部分だけを水揚げし、肝和えや酢味噌和えなどにして食べてきました。

まんぼうは生を刺身で食べることもありますが、生の状態でおいておくと水が出て縮むので、湯通しすることが多いです。適当な大きさに裂いてさっと湯通しをすると食感は鶏肉に近く、いかのような風味でおいしく食べられます。ゆですぎるとかたくなって食感や味が悪くなります。

県南部の紀北町紀伊長島地区（旧紀伊長島町）では、見回りに来られた紀州の殿様にまんぼう料理を出したところ、和歌山の城まで持ってくるよう所望されたという民話が残っています。この地区では昔からあるポピュラーな食べもので、かつては町の魚もまんぼうでした。

協力＝谷口冨美恵
著作委員＝奥野元子、成田美代

〈島根県〉

のどぐろの煮つけ

口の中、つまりのどが黒いことから「のどぐろ」と呼ばれていますが、アカムツが標準和名です。脂が口の中でとろけるような食感と、濃い旨みやほのかな甘味が特徴で、刺身はもちろん煮つけても塩焼きでもおいしく、干物にも加工されます。浜田漁港では年間を通じて良質ののどぐろが水揚げされ、実際に、浜田の沖合底曳き網でとったものは、ほかの地域のものに比べ全般に脂ののりがよいという調査結果もあります。

昔は値段も安かったのですが、最近は高級魚として脚光を浴び、大きいものは地元でもなかなか食べられなくなりました。スーパーなどではめっきんと呼ばれる18㎝未満の小型未成魚が安く売られているので、それらを購入し煮つけとして食べることが多いそうです。小さくても味わいは劣ることなく、のどぐろのおいしさを味わえますが、一方、資源管理などの観点からはめっきんの保護が必要で、禁漁区の設定などの取り組みが始まっています。

協力＝宮本美保子、田子ヨシエ、服部やよ生
著作委員＝藤江未沙、石田千津恵

撮影／高木あつ子

＜材料＞ 4人分

ノドグロ（中）…4尾
しょうが…1かけ（20g）
水…1と1/2カップ
醤油…大さじ3
酒…大さじ2
みりん…大さじ2
砂糖…少々

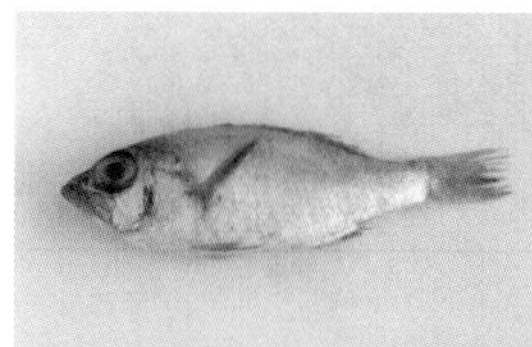

口の中（のど）が黒いからノドグロ。浜田市の魚に制定されている

＜つくり方＞

1 ノドグロはウロコ、エラ、内臓をとる。水で洗い、水けをふきとる。
2 口の広い浅鍋に分量の水、薄切りにしたしょうがを入れて火にかける。
3 沸騰したら調味料をすべて加え、煮立ったらノドグロを入れる。
4 再び沸いたら、落とし蓋をして弱火にし、20分ほど煮る。
5 火が通り、味がしみたら火を止め、器に盛る。しょうがを添え、煮汁をかける。

<材料> 4～5人分

バトウ（マトウダイ）*…1尾
レンコダイ（キダイ）*…小2尾
大根…2～3cm（100g）
白ねぎ…2本
白菜…2～3枚（300g）
しめじ…2パック（200g）
椎茸…6枚
糸こんにゃく…150g
豆腐…1丁
油揚げ…2枚
水…1ℓ
うす口醤油…大さじ4
*白身魚であれば何でもよい。

撮影／高木あつ子

レンコダイ（手前）とバトウ。顔が馬に似ているので「馬頭」。標準和名のマトウダイは、体の真ん中の斑紋が「的」のように見えるため

<つくり方>

1 バトウは頭を落として三枚におろし、片身を縦3つに切り分け食べやすい大きさに切る。アラはとっておく。レンコダイはウロコと内臓をとってぶつ切りにする。
2 鍋に分量の水を入れ、バトウのアラを入れて火にかける。沸騰したら2～3分煮立てる。
3 大根は短冊切り、ねぎは筒切り、しめじはほぐす。白菜、椎茸、糸こんにゃく、豆腐、油揚げは適当な大きさに切る。
4 2の鍋からアラを除き、醤油を加え、バトウの身とレンコダイを加える（写真①）。煮立ったら残りのすべての材料を入れて煮こむ。

①

へか鍋

〈島根県〉

西部地域では、白身魚やくじら、いのしし肉を使った鍋料理を「へか」といいます。へか焼き、へか鍋、へか汁とも呼ばれ、くじらやいのしし肉のへかは東部地域の山間部でもつくられます。田を耕すときに牛に引かせていた「犂」についている鉄板が「へか（へら）」で、これを鍋代わりにしたことで名づけられたそうです。ちなみにすき焼きは、手に持って使う農具の鋤が語源といわれています。

今回、魚は浜田の港に水揚げされたばとう、れんこだいを使いました。どちらも秋冬に漁獲量が多くなる地元ではおなじみの魚で、値段も手頃です。ばとうは小骨がないので食べやすく、刺身や煮つけ、フライなどにしてもおいしい魚です。

江の川や高津川流域では鮎を使った「鮎べか」がつくられ、寒い冬に食べられます。鮎の漁期は夏で、川でとれたものを干し鮎にしておき、冬に使うのです。鮎べかは、干し鮎の上等なだしで豆腐や野菜をおいしく食べるごちそうです。

協力＝宮本美保子、金高梅子、玉田みどり、大場郁子　著作委員＝石田千津恵、藤江未沙

本書で登場するサメ

サメは奈良時代から天皇への献上品として使われており、
古くから日本人に親しまれてきた魚です。
高たんぱく質で淡泊な肉はどんな味にもなじみ、
皮、軟骨も料理に使われ、ヒレはふかひれとして利用されます。

イラスト／加藤休ミ

アブラツノザメ

東北、北海道で水揚げされ、皮をはいだ「棒さめ」が流通する。関東以北で食べられる。肉はしっとりとしてクセがなく、煮つけにするとおいしい。

→p65栃木県のさがんぼの煮つけ

ツノザメ目ツノザメ科
最大全長：約90cm

ネズミザメ

色や頭がネズミに似ている。切り身は赤身に近い色合いで、フライや煮つけなどにされる。宮城県の気仙沼港で大量に水揚げされる。

→p65栃木県のさがんぼの煮つけ、p68新潟県のさめのにこごり、p70広島県のわにの刺身

ネズミザメ目ネズミザメ科
最大全長：約3m

ヨシキリザメ

肉は独特の歯ごたえがある。鮮魚では出回らず、はんぺんやちくわなどの練り製品に使われる。ヒレはふかひれとして利用。

→p66東京都のおでん

メジロザメ目メジロザメ科
最大全長：約4m

アオザメ

背が名前の通りの青色。練り製品に使われる。さめのたれや刺身にもする。サメの中でもっとも速く泳ぐといわれる。

→p66東京都のおでん

ネズミザメ目ネズミザメ科
最大全長：約4m

貝・うに・ほや

潮が引いた岩場でとれるさまざまな貝は「磯もん」と呼ばれ親しまれてきました。夜のさざえとりは楽しい遊びでもありました。春が旬の貝が多く、わけぎやふのりと合わせると季節感が増します。あわびやうに、ほやも地元ならではの食べ方が伝えられています。

〈岩手県〉

としるの貝焼き

県東南部にある大船渡市吉浜は、高級中華料理の材料として珍重される干しあわびの産地です。あわびは現金に換えられる高価な食材ですが、あわびの肝であるとしるはすぐに品質が低下するので、昔から浜のまかない料理として食べられてきました。

せん切り大根ととしるをあわびの殻に詰めて炭火で焼くと、焼きたての磯の香りが食欲をそそります。通常は人前に出さない料理で、産地以外では食べる機会は少なかったのですが、最近では冷凍としるがありいつでもつくれるので、郷土色豊かな酒肴としても広く認識されつつあります。

昔はあわび漁の口開け日(解禁日)に仏事が重なると、口開けが延期になりました。口開けだけはあわびを一人ひとつずつ食べられるので楽しみだったそうです。あわびは刺身で食べました。としるは外見から好まない人も多いですが、新鮮なとしるはそのまま酢やわさび醤油で食べたり、煮つけ、塩辛にして食べるとおいしいものです。

協力＝菊地ミヨ子
著作委員＝菅原悦子

撮影／奥山淳志

＜材料＞ 4人分

トシル(アワビの肝臓)…200g(6〜10個)
塩…少々
大根…10cm(400g)
味噌…60g
アワビの殻…4個

＜つくり方＞

1 トシルについている砂袋を切り開き、包丁でこそげて砂をとり除く(写真①)。
2 1をぶつ切りにして塩もみし、水で洗い、ザルにあげる。
3 大根をせん切りにする。
4 アワビの殻の穴に味噌を詰めてふさぐ(写真②)。
5 殻の手前に大根1/4量を土手になるようにのせ、奥(深い方)にトシル1/4量を詰める。味噌小さじ1を上にのせる(写真③)。
6 5を炭火か、炭火がない場合は、魚焼き用の網をガスコンロにのせて焼く。
7 クツクツと煮立ってきたら、一度かき混ぜ、もう一度煮立ったらできあがり。火から下ろし、殻のまま別の器にのせて熱々を食す。

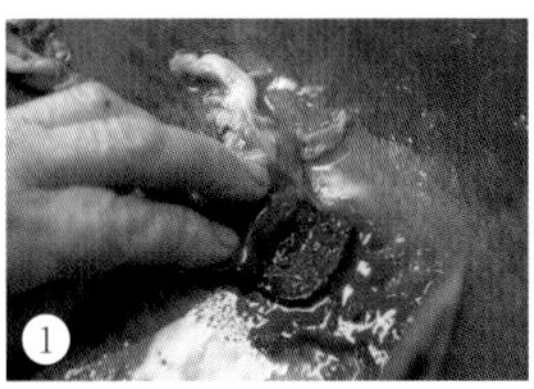
①

②

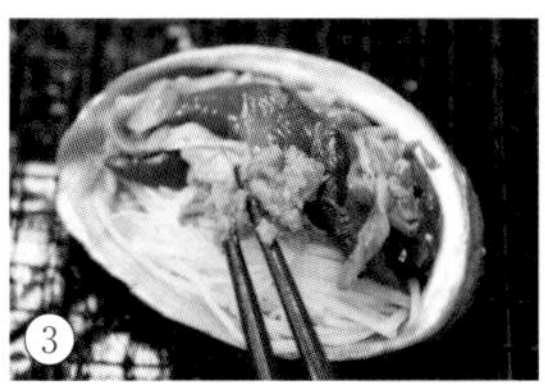
③

撮影／長野陽一

<材料>4人分

バイ貝…330g（8個）
だし汁（昆布）…2カップ
酒…50mℓ
醤油…50mℓ
砂糖…20g

<つくり方>

1 バイ貝は割れないように貝同士でこすって、汚れをとり、よく洗う。
2 だし汁で1のバイ貝を手早くゆでる。火が通って身がかたくならない程度に素早くする。
3 別鍋に酒、醤油、砂糖を入れて、2のバイ貝を入れてひと煮立ちさせ、火を止める。
4 3の汁が冷めるまで蓋をして味を含ませる。
5 楊枝で刺し、ひねりながら身をとり出して（写真①）食べる。

①

〈富山県〉

ばい貝の含め煮

ばい貝は富山でよく食べられる巻き貝です。その美味なことに加え、めでたいことが倍々にとの縁起のよい語呂合わせから祝いの席によく出されてきました。昔から正月料理には欠かせません。

含め煮は、薄味でばい貝のおいしさをそのまま味わう料理です。ばい貝がかたくならないように、まず昆布だしでさっと煮て、その後に調味料でひと煮立ちさせます。食べるときは先端のおいしいところまで切れずに出せると、得をした気分になります。他に刺身やバター焼き、オリーブオイルとにんにくで煮こむアヒージョなどもよいものです。一年中とれますが、とくに冬においしくなります。

富山湾ではオオエッチュウバイ（殻高15㎝）、エッチュウバイ（殻高12㎝）、カガバイ（殻高12㎝）、ツバイ（殻高7㎝）の4種類のばい貝が水揚げされます。古くからの漁港の魚津では、もとは漁師飯だったばい貝の炊きこみご飯が、幸せを倍々呼びこむ「魚津のばい飯」として人気になっています。

協力＝大黒富子
著作委員＝深井康子、原田澄子

〈静岡県〉

ながらみの塩ゆで

ながらみ（ダンベイキサゴ）は沿岸の砂底に生息している巻き貝です。昔は駿河湾沿岸でよくとれて、魚屋でもスーパーの魚売り場でも塩ゆでにして売られていた身近な貝でした。

初夏になると、ながらみの塩ゆでがどんぶりや深皿に盛られて食卓に上ります。子どもも大人も好物で、家族みんなで爪楊枝で上手にとり出して食べました。焼津地域ではながらみの塩ゆでが駄菓子屋にあり、新聞紙でできた三角の袋に入れてもらい、子どもの間食になっていたそうです。今は貝のとれる量は少なくなりましたが、魚屋や居酒屋で見かけることもあり、昔の静岡を知る人にとっては大変なつかしく、喜ばれる食べものです。

貝の砂出しは塩水に入れるよりも、塩をふりかけます。すると身の一部が貝殻から出てきて、貝殻と身の中にあった砂が出てきます。これを酒を入れたお湯でゆでると、砂を噛むことなく、貝のうま味を堪能できます。

協力＝遠藤泰子、望月美鈴、原和枝、高塚博代
著作委員＝高塚千広

撮影／五十嵐公

<材料> 4人分

- ナガラミ…200 g
- 塩（砂出し用）…約大さじ1

水…約2カップ（ひたひたになる量）
酒…大さじ2
塩…約小さじ1（味見をして、塩味が強いときは加えない）

静岡の初夏の味であるナガラミ。貝の表面がつるつるしている

<つくり方>

1 ナガラミをボウルに入れ、塩（砂出し用）をふりかけ10分程度おき、流水でよく洗う。水の中で貝をかき回すと砂がたくさんたまるので、それを捨て、水を入れては洗う作業を砂がなくなるまで繰り返す。
2 鍋に貝を入れ、ひたひたになるまで水を加え、酒を入れて火にかける。沸騰したらアクをとり、ゆで汁の味見をして、塩を入れる。弱火にして落とし蓋をして5〜10分ゆでる。
3 火を止めて、ゆで汁につけたまま冷めるまでおく。ゆでたてを食べることもある。

◎ナガラミに塩をふりかけると貝殻と身の間にはさまっていた砂が出てくる。貝が砂を吐き出す効果もある。

撮影／高木あつ子

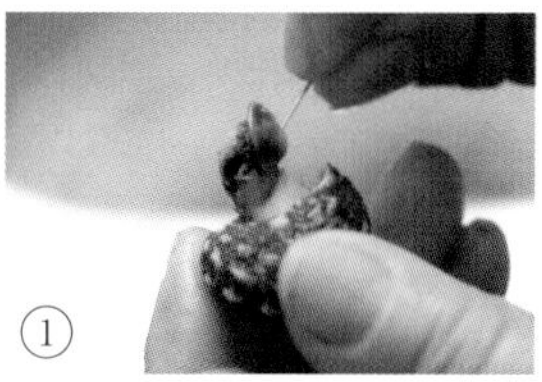

〈和歌山県〉

磯もんの酢味噌和え

紀伊水道と太平洋に面する日高地方では、磯でとれる食用の小さな巻き貝を総称して「磯もん」と呼びます。春になると潮が引いた岩場にひらいに(拾いに)行きました。ゆでたては少しほろ苦く、それでいて甘味もあっておいしい春の味です。まち針を刺してくるくると貝殻を回すと、ワタの部分まできれいにとり出せます。ワタは緑色と白っぽいものがあり、白い方が苦味が少ないです。

磯もんには、貝蓋のかたい男磯もんと薄い女磯もんとがあり、旧暦のおひな様には女磯もんを生きたまま供えました。「しがさんにち(4月3日)やから、磯行こか」と、家族や近所の人と弁当を持って遊びに出かける習慣があります。がんがらという磯もんもいて、拾って帰りゆでて食べたり、おひな様に供えました。生きたまま供えると、おひな様は磯もんがいごく(動く)のを喜んで遊ぶといいます。朝起きると供えた磯もんは夜の間に器から逃げ出していて、それらを探し集めて、ゆでて食べたそうです。

協力＝山﨑美代子　著作委員＝千賀靖子

＜材料＞ 4〜5人分

磯もん*…850g（むき身約240g）
酢味噌
- 白味噌…80g
- 米酢…大さじ2と1/3（35mℓ）
- 砂糖…大さじ3と1/2（32g）
- みりん…大さじ1/2（8mℓ）

*左から、男磯もん（スガイ）、女磯もん（イシダタミ）、ガンガラ（バテイラ）

＜つくり方＞

1 磯もんはひたひたの海水で一昼夜、蓋をして砂出しをする。
2 手にはさんでこすり洗いして、鍋に入れて水からゆでる。沸騰してから3分ゆで、火を止める。
3 ザルにあげ、温かいうちにまち針で貝殻から身をとり出す。貝の口を上に向けて左手で持ち、貝蓋のすき間から身に針を突き刺して、貝殻の方を時計回りに動かしながら身をとり出す（写真①、②）。とり出した身から貝蓋を手ではずす。
4 調味料を合わせて酢味噌をつくり、磯もんを和える。

〈島根県〉

さざえのつぼ焼き

さざえは隠岐地域を中心とした日本海側沿岸でよくとれます。島の周りは海流がぶつかり、プランクトンが多く栄養豊富な海域。さざえ、白ばい貝などの貝類の生育に最適な環境です。昔は、漁業を生業としない一般の人は夏の「夜叉手」という磯遊びでさざえをとりました。「よさで」は出雲・隠岐地方の方言で、「よ」は夜で、「さで」は、交差させた竹や木に網を張ったすくい手網をさします。新月前後の夜半の干潮時に、渚すれすれに寄ってくるさざえを松明で照らし、貝殻の内側がピカッと光るのを目印に拾ったそうです。

つぼ焼きは、刺身のコリコリとした食感とは異なり、身に弾力があり、醤油の少し焦げた香ばしさと貝の先端部分のほんのりとした苦味が、さざえのおいしさを引き立てます。殻ごとゆでてから身をとり出し、ゆで汁で炊きこむさざえご飯も親しまれており、これを隠岐でとれる岩のりで巻いたのり巻きは、人が集まるときのもてなし料理です。

協力＝宮本美保子、松田照美、野津保恵、西村初美　著作委員＝藤江未沙、石田千津恵

撮影／高木あつ子

＜材料＞ 4人分

サザエ…8個

- 醤油…20mℓ
- 酒…40mℓ

隠岐のサザエは殻のトゲ（突起）が長いのが特徴。荒波に流されるのを防ぐためといわれている

＜つくり方＞

1. サザエを殻ごと洗い、蓋を上にして熱した焼き網の上に並べ、中火で焼く。
2. 醤油と酒を混ぜ合わせる。
3. サザエからブクブクと汁が出るようになったら、2を小さじ1.5ずつ蓋の部分から注ぎ入れる（写真①）。
4. 泡が小さくなったら焼き上がり。焼きすぎるとかたくなるので注意する。

◎食べ方は、殻蓋をとり除き、竹串やフォークなどを身に刺して手前にひねり、貝殻は向こう側へ回すように動かすととり出しやすい。

隠岐は白バイ貝（エッチュウバイ）もおいしい。やわらかく甘味があり、写真の刺身以外にも煮物やぬた、フライにしたりする

〈徳島県〉
磯もんのぬた

県南部の海岸沿いではいろいろな魚や貝をぬた（酢味噌和え）にして食べます。海陽町から牟岐町の沿岸地域では、春先にとれる、つべた貝（ツメタガイ）、ばい貝（バイ）などの巻き貝を使います。磯でとれる巻き貝は「磯もん」と呼ばれるので、南部沿岸地域では磯もんのぬたの名称で親しまれてきました。

ぬたと相性がよいのはわけぎです。関西以西で栽培されているわけぎはねぎと玉ねぎの雑種で、一般的なねぎより根の部分が少しふくらみ、辛みが少なく甘味があります。わけぎも春が旬。磯もんとわけぎの組み合わせは、春ならではの料理といえます。

漁師の家では地元でとれた貝類を使ってぬたをつくりますが、近年では巻き貝が手に入りにくく、沿岸地域以外ではいわしやあじ、太刀魚などの魚を酢じめにして、わけぎとぬたにすることが多くなっています。同じ沿岸地域でもやや北寄りの美波町では、わけぎを使わずいわしだけで酢味噌和えをつくるそうです。

協力＝柳瀬喜久子
著作委員＝髙橋啓子

撮影／長野陽一

<材料> 4人分

- バイ貝（殻つき）…約300g（むき身120g）
- 塩…湯の1％程度

塩…少々
酒…小さじ1
わけぎ…2束（200g）
酢味噌
- 白味噌…40g
- 練り辛子…小さじ1/2
- 砂糖…大さじ2
- 酢…大さじ3

すりごま（白）…小さじ1

県南部では巻き貝がとれる。写真はバイ貝

<つくり方>

1 バイ貝をボウルに入れ、貝同士をこするようにして、水を2〜3回替えて洗う。
2 沸騰した湯に塩、貝を入れ、再沸騰したら3〜4分ゆでる。ゆですぎるとかたくなるので注意する。
3 ゆで上がったらザルにあげて汁けをきり、あら熱がとれたら針や竹串などで身を抜きとる。
4 内臓を切り落とし、身をひと口大に切って塩と酒をふりかける。
5 わけぎは洗って根の部分を切り落とし、ゆでて3〜4cm長さに切る。
6 すり鉢に白味噌と練り辛子（好みで）、砂糖を加えてすり、酢を加えてのばす。
7 貝のむき身とわけぎを6の酢味噌で和える。器に盛り、すりごまをかける。

〈高知県〉

ぐじまとふのりの和え物

県南西部に位置する土佐清水市の突端、足摺(あしずり)岬周辺の岩場には、ぐじま（ヒザラガイ）、トコブシ、あなご（イボアナゴ）、にな（バテイラ）などさまざまな貝が生息しており、地域の人たちは昔から日常的にとって食べてきました。

ぐじまはやわらかくなるまでゆでてから殻をはずし、身をきれいにして食べます。見た目は少しグロテスクですが、弾力があって歯切れもよく、独特の食感が魅力です。海沿いの貝ノ川という町で育った人に聞くと、ぐじまと春にとれるふのりを合わせた和え物をおきゃく（宴会）料理の副菜としてよく出したそうです。ぐじまの食感にふのりのしゃきっとした歯ごたえ、きゅうりが加わり、食べ飽きない一品になっています。ぐじまの下処理には手間がかかりますが、地域の人たちにとっては親しまれている食材で、4月1日の漁の解禁日を心待ちにしている人も多くいます。現在では下処理した水煮が売られているのでこれを買って冷凍しておき、使う人もいます。

協力＝矢野川佐紀　著作委員＝福留奈美

撮影／長野陽一

<材料> 6～8人分

グジマの水煮*…100g
ふのり（生）**…50g
焼きサバ…1切れ（約40g）
きゅうり…3本
酢味噌
- 味噌***…大さじ2強（40g）
- しょうが（すりおろし）…小さじ2
- 砂糖…大さじ1
- 酢、すりごま（白）…各大さじ2
- ゆず果汁…小さじ2

*この地域でグジマと呼ぶヒザラガイの仲間は非常に種類が多い。食用はヒザラガイ、ケハダヒザラガイなどで、土佐清水ではヒザラガイがよくとれる。ぐつぐつ3～4時間煮てやわらかくし、殻をはずして水洗いして内臓などをきれいにとり除く。こうして水煮にしたものが下の写真。

**乾燥ふのりを使う場合は、水で戻し、熱湯でさっとゆでる。

***今回は少し色の濃い粒味噌（米味噌）を使ったが、高知では淡色のこし味噌（米味噌）で酢味噌和えをつくる家庭も多い。

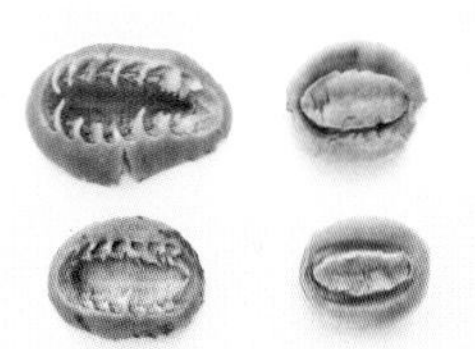

殻をむいたグジマ（ヒザラガイ）。ギザギザの側が殻についていた部分

<つくり方>

1 グジマの水煮とかぶるくらいの水を鍋に入れて強火にかける。沸騰したら中火で7分ほどゆで、蓋をして火を止めて3分ほど蒸らす。湯をきり、あら熱がとれたら縦半分に切る。

2 ふのりは、たっぷりの湯を沸かしたところに入れて3分ゆで、火を止めて3分蒸らし、湯をきる。

3 焼きサバは身をほぐす。

4 きゅうりは薄い輪切りにして塩少々（分量外）をふって軽く塩もみし、水けをきる。

5 酢味噌の材料を全部合わせる。

6 グジマ、ふのり、サバのほぐし身、きゅうりを酢味噌で和えて盛りつける。

撮影／長野陽一

うみたけの粕漬け

〈福岡県〉

水郷の町として知られる柳川市は筑後平野の西南端に位置し、南は有明海です。筑後川や矢部川などが流れこみ、干潮時には広大な干潟が広がる有明海には固有の魚介類が多数生息し、特有の魚介の食文化が育まれてきました。

うみたけの粕漬けもそのひとつです。有明海に生息する二枚貝で、長い水管を食べます。うみたけを刺身で食べることはあまりなく、干したり、筑後平野の米と筑後川の豊かな水の恵みでつくられる酒の粕に漬けたりして加工します。かつては豊漁で日常的に食べていましたが、近年漁獲量が減ったため、韓国や中国からの輸入に頼っている状況です。

魚の粕漬けやうりの粕漬けとは異なり、うみたけの粕漬けは酒粕ごといただきます。貝のコリコリした食感と酒粕の豊潤な香りが、酒の肴として贅沢な逸品です。また、同じく有明海でとれるたいらぎ（貝柱）の粕漬けは、ねっとりとしたなめらかな食感で、ご飯のお供としてもおいしいものです。

協力＝高橋努武
著作委員＝猪田和代、吉岡慶子

<材料> つくりやすい分量

- ウミタケ…正味500g
- 塩…100g

酒粕…150g
砂糖…350g*
かぼす（好みで）…適量

*砂糖250g、水あめ200gにすると長期保存によく、コクもでる。

<つくり方>

1 ウミタケは殻をはずして水管をよく洗い、分量の7〜8割の塩をふり、重しをして3日ほど漬ける。ひたひたに水が出たら水を捨て、表面に残りの塩をふり、また重しをして1カ月ほど冷蔵庫に入れる。
2 1のウミタケの表面の黒い皮をこすりとり（写真①）、10〜20mm幅に切り、軽く水洗いする。ザルに入れ、重しをのせてしっかりと水をきる。
3 酒粕を細かく切ってボウルに入れ、砂糖を少しずつ練り合わせる。
4 2と3をしっかり混ぜこみ、2週間室温で漬ける。3、4日目に一度全体を混ぜ合わせる。このとき好みで一味唐辛子を加えてもよい。表面に水分が出ていたらペーパータオルでふきとる。
5 3週間ほど冷蔵庫に入れると熟成し、酒粕の色が変わり、食べ頃となる。洗わずに酒粕ごと食べる。好みでかぼすのしぼり汁を数滴かける。

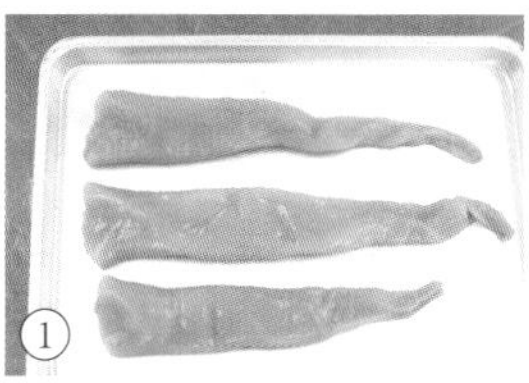

①

〈佐賀県〉

まて貝の酢味噌かけ

県のほぼ中央に位置する佐賀市は、北は脊振(せふり)山地から佐賀平野をはさんで南の有明海に達しており、山から海までの自然に恵まれています。有明海沿岸では二枚貝のうみたけ、ハゼ科のわらすぼ、むつごろうなどの有明海特有の海産物が郷土の味として親しまれています。干潟の砂の中に隠れているまて貝も、冬から春先にかけてのおなじみの味です。酢味噌和えにすると、貝独特の臭いが消えさっぱりと食べやすく、誰にも好まれます。炭火焼きや酒蒸しにして塩をふるのが一番という人もいて、味噌汁やバター焼きにもします。

同じように食べる貝としてあげまきがあり、まて貝と入れ替わりで春から初夏にかけてが旬ですが、1990年代に原因不明の大量死が起こり、97年以降は休漁で幻の貝となっていました。稚貝の放流や繁殖、環境改善に取り組んだ結果、2018年には22年ぶりに出荷されたのですが、19年には再び減少して禁漁になるなど、難しい状況が続いています。

協力＝蒲原鈴子、北島ツヤ子、南里征子、羽島百合子　著作委員＝武富和美、萱島知子

撮影／戸倉江里

<材料>4人分

マテ貝…正味200g（殻つきで約300g）

酢味噌

- 白味噌…大さじ1と1/2（25g）
- 酢…小さじ2（10g）
- 砂糖…大さじ1と2/3（15g）

赤唐辛子…少々

マテ貝

<つくり方>

1. マテ貝は浸る程度の水（分量外）で殻が開くまでゆでる。
2. 開いた殻からとり出してむき身にする。
3. むき身の水けをとる。酢味噌の材料をよく混ぜ、むき身を和える。
4. 小口切りした赤唐辛子を飾る。

撮影／戸倉江里

<材料> 4人分

ミナ*…300g（可食部分は150g）
茶葉（緑茶）…大さじ2（10g）
塩…大さじ1
にら…1/2束（50g）
にんじん…1/3本（40g）
砂糖…大さじ1と1/3
味噌…大さじ1と1/2
油…大さじ1

*ミナはニシキウズガイ科の小型の巻き貝バテイラの地方名。

<つくり方>

1 鍋にミナとミナがかぶるくらいの水（分量外）、茶葉と塩を加えて水からゆでる。沸騰したら火を弱め、そのまま10分ほどゆでる。
2 まち針などをミナの身に刺し、貝の形に添ってねじるようにしながらとり出す。
3 鍋に油を熱し、ミナとみじん切りにしたにら、にんじんを加えて炒める。
4 野菜に火が通りしんなりしたら砂糖、味噌の順に加え、味をつける。

ミナは2～5cmほどの大きさ

〈熊本県〉
みな味噌

大小120あまりの島々からなる天草地方は海の幸が豊富な場所で、以前は牡蠣やアサリ、「みな」などの貝類もたくさん生息していました。みなは、小型の巻き貝で、地域によっては「にな」「しったか」とも呼ばれます。みなは今でも浜の近くの岩にびっしりくっついており、潮が引いたタイミングで浜辺に行くと簡単にとることができます。みながとれる時期は2～3月。ひじきやあおさなどと一緒に子どもたちがみなをとって帰ってくると、塩ゆでにし、殻から身をとってそのまま食べるか、野菜と炒めてみな味噌にしたり、砂糖と醤油で甘辛く煮て佃煮にします。

みなは食べると貝独特の磯の香りがします。みな味噌には味噌とにらや玉ねぎなどの香りの強い野菜を入れますが、こうすることで生臭さがやわらぎ食べやすくなります。甘辛い味つけでご飯も進み、たくさんつくれば常備菜になります。ゆでるときに茶葉を入れるのは緑茶の殺菌作用により、食当たりを防ぐことができると考えられているからだそうです。

協力＝宮崎寛子　著作委員＝秋吉澄子

〈岩手県〉

うにの山吹煮

三陸海岸の中央部にある宮古市重茂(おもえ)地区で食べられている浜の料理です。材料はうにとあわび。三陸海岸の沖合は、寒流の親潮と暖流の黒潮がぶつかる、世界でも有数の豊かな漁場です。うにやあわびのエサとなる昆布やわかめが豊富なため、うに漁、あわび漁がさかんです。山吹煮は、形がくずれたり傷がついたりして売りものにならないものを使って、浜で働く人たちの夏場のスタミナ源としてつくられました。卵の色が、黄色い山吹の花の色と似ていることから名前がつけられました。

うにの種類は、キタムラサキウニです。売りものにするうにの身を殻からとったあと、殻にわずかに残った分をかき集め、あわびと一緒に煮て、最後に卵を加えてかさ増しします。うには6～7月、あわびは11～12月と旬の時期が異なるため、昔はあわびを塩蔵して夏まで保存していました。今はあわびは冷凍保存しますが、冷凍することでやわらかくなり、殻からははずしやすくなるそうです。

協力＝盛合敏子
著作委員＝菅原悦子

撮影／奥山淳志

＜材料＞ 4人分

ウニ…1カップ(250g)
┌アワビ(冷凍)
│　…1個(殻つきで100g程度のもの)
└塩…小さじ1/2
水…1/2カップ
醤油…大さじ2
砂糖…小さじ2
酒…大さじ1
卵…1個

＜つくり方＞

1 アワビは解凍後、殻から身をはずし、塩をまぶして洗う。口を包丁で切り落とし、刺身状に切る。
2 鍋に分量の水を入れて火にかけ、沸騰したら1のアワビを入れてさっと火を通す。
3 調味料とウニを加え、弱火でウニに火を通す。火が通るとウニが丸まるのでそれを目安にする。
4 よくかき混ぜた卵を上からかけ、蓋をして弱火のまま静かに煮る。鍋のふちの卵がかたまってきたら箸で全体を軽くほぐし、卵が半熟のうちに火を止める。蓋をして2分ほど蒸らしてから器に盛る。

◎ウニがたくさんあるときは卵でとじなくてもよい。

撮影／高木あつ子

＜材料＞ 4人分
ホヤ…10個
酒…適量

＜つくり方＞
1 ホヤにある2つのツノ(入水管、出水管)を包丁で切り落とし(写真①)、中の水などを出す。根元の部分も切り落とす(写真②)。2つのツノの間から根元まで、縦半分に切る。
2 内臓をとり除く(写真③)。
3 切り口を上にして蒸し器の上におき、殻ごと強火で蒸す。湯気が立ってきたら酒をふり、さらに2〜3分蒸す。
4 殻をむいてそのまま食べる。

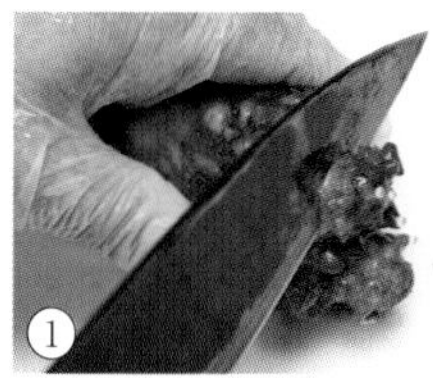

①

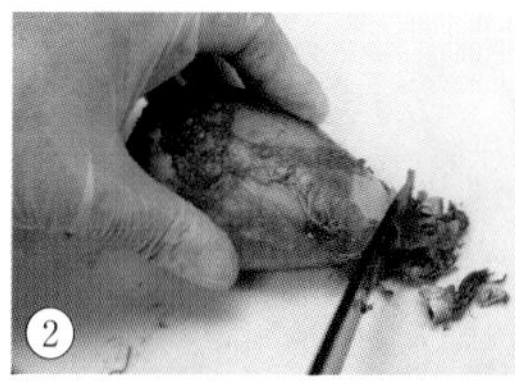

②

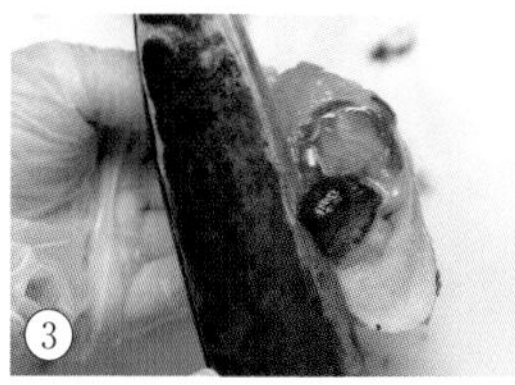

③

〈宮城県〉
蒸しほや

親潮と黒潮、対馬海流が交錯する南三陸町の志津川湾沖は、プランクトンがたくさん生息する栄養分豊富な場所です。これらを餌にするほやも昔からおり、地域の人たちは岩場にはりついた天然のほやを食べていました。昭和40年以降養殖がさかんに行なわれるようになり、現在宮城県の生産量は全国第1位となっています。

ほやは冬に産卵したあと、だんだんと重量が増え、7月頃になると肉厚になりうま味が増してきます。生のまま食べるのもおいしいですが、酒をふって蒸すと日持ちがのび、ほや特有のツンとした風味や香りがやわらぎ、味がより感じられるようになります。また、ふにふにとした食感に弾力が出て噛みごたえのあるものになります。一度にたくさん蒸しておき、子どものおやつやお茶うけ、つまみにします。蒸す他にも吸いものや炊きこみご飯に入れたり、生のほやをしその葉で巻いて軽く塩漬けにしたりとさまざまに楽しまれています。

協力＝三浦さき子、西城良子、菅原悦子
著作委員＝濟渡久美

川魚・川えび

鯉やふな、鮎などの淡水魚は昔から身近な食材でした。辛子酢味噌をつけたり、豆味噌で煮たり、濃い甘辛の味つけなどで食べます。川えびも、特有の風味で煮物や揚げ物に重宝されました。琵琶湖周辺からはたくさんの〝湖魚（こぎょ）〟を食べる料理が紹介されています。

〈長野県〉

小ぶなの甘露煮

小ぶなが頭から骨までやわらかく、ひと口で1匹丸ごと食べられる保存食です。佐久地方で小ぶなは「鮒っ子」と呼ばれ、秋になると甘露煮にします。甘露煮は毎日のご飯のおかずにしたり、行事や人寄せのときには酢めしにのせてふなずし(押しずし)にします。

ふなが生きている間に醬油を吸わせて調理することで味がしみこみます。重ねて煮ると身がくずれてしまうので、できるだけ重ならないよう大きな鍋を用意します。味つけや煮方は家ごとに違い、砂糖やみりんで煮る方法もありますが、ここで紹介するのはざらめを使う煮方です。

佐久では、ふなは田んぼで飼われていました。田植えのあとに親ぶなを放して産卵させ、稲刈り前、田んぼの水を落とすときに小ぶなを集めました。今も田んぼで養殖されており、9月になると地元の農協やスーパーなどでは、酸素や水と一緒にポリ袋に入れられた生きた小ぶなが売られ、開店前から客が並んでいます。

協力＝佐久市農村生活マイスターの会
著作委員＝吉岡由美

撮影／高木あつ子

<材料> つくりやすい分量

生きている小ブナ*…1kg
醤油…180mℓ
酒…220mℓ
ざらめ…300g
*大きさは5cmほど。

<つくり方>

1 小ブナは水を替えながらきれいに洗いザルにあげる。ぬめりが多いときは塩をひとつまみ入れた塩水で、軽く混ぜる程度に洗う。
2 鍋に醤油、酒を入れて煮立て、1の小ブナを入れる。小ブナが飛びはねないように蓋をする。
3 強火で加熱を続け、小ブナが落ち着いたらざらめを入れてアクをとる。
4 落とし蓋をして弱火で1時間ほど、焦げつかないように煮る。煮くずれるので途中で箸でかき混ぜず、鍋全体を静かにゆすって煮汁を回して煮つめる。

〈滋賀県〉

ふなの子つけなます

滋賀県ではふなが古くから親しまれてきました。琵琶湖の漁師たちは、子持ちのふなをムクやマル、イオなどと呼び、オスやまだ小さいメス、産卵後のメスも別の名前で呼び分けているほどです。

刺身に卵をまぶした子つけなますは県の代表的なふな料理で、オコナイ（豊作を祈る祈年祭など）や春祭りのごちそうにも出されます。琵琶湖にはギンブナと固有種のゲンゴロウブナ、ニゴロブナの3種類がいますが、ゲンゴロウブナは大きく、卵が小粒で加熱すると鮮やかな黄色になるので、子つけなますに好んで使われます。

ゲンゴロウブナやニゴロブナは3〜6月にかけて湖岸や内湖（湖岸の陸側にある小さい湖沼）に産卵のためにやってきます。ここでつかまえたふなの腹には卵がたくさん詰まっており、白い刺身に和えると卵の黄色がよく映えます。こりこりとした身にぷちぷちとした卵がからまり食感もよく、泥酢（辛子酢味噌）をつけることで淡水魚特有の臭みも消え、鯛の刺身のように上品な味になります。

協力＝桑村邦彦　著作委員＝久保加織

＜材料＞ 4〜5人分

子持ちのフナ…1尾（1〜2kg）
塩…約150g
泥酢
- 練り辛子…小さじ2
- 白味噌…80g
- 砂糖…大さじ4
- だし汁…小さじ2
- 酢…90mℓ

つま用の大根…適量

子持ちのニゴロブナ。大きいと2kg以上になるものもいる

＜つくり方＞

1 出刃包丁でフナのウロコをとる。
2 フナの腹を開き（写真①）、内臓と卵巣をとり出す。卵巣の袋を破らないように気をつける。また、苦味が出ないよう、胃袋のそばにある胆のう（苦玉）を破らないように気をつける。
3 水洗いし、背骨を中心に左右に切り分けて三枚におろす。それぞれの身から、腹骨をすきとる。皮をはぎ身を食べやすい大きさに切る。
4 切り身をザルに入れて水をはったボウルにつけ、ゆすりながら水洗いする。ザルを数回ふってしっかり水をきる。さらしの布（または手ぬぐい）の上に並べて広げ、上にもう1枚さらしの布をおいて端から巻き包み、冷蔵庫に入れる。
5 2でとり出した卵巣の袋を破って中の卵をザルに入れ、ザルごとたっぷりの水を入れた鍋に入れる。塩を加えて鍋を火にかける。塩をたっぷり入れることで卵がほぐれる。
6 卵を菜箸で混ぜながら、中火で煮る（写真②）。沸騰するとアクが出てくるので除く。卵がバラバラに離れ、黄色くなったら火を止める。卵がザルの下に落ちたら、ザルの上に残った袋の皮や血筋を除く。
7 卵を目の細かいザル（味噌こしやアクとり網でもよい）にあけ、冷水を入れたボウルに入れる。何度か水を替えながら洗う。
8 卵をさらしの袋に入れ、袋のまま何度かほぐしながらよくしぼる（写真③）。
9 ボウルに移し、4の切り身を加え、箸で混ぜ、器に盛る。卵の水けをよくきっておくと、つぶつぶした卵が切り身にきれいにつく。泥酢の材料を混ぜ合わせて添える。好みで唐草切りの大根を添えてもよい。

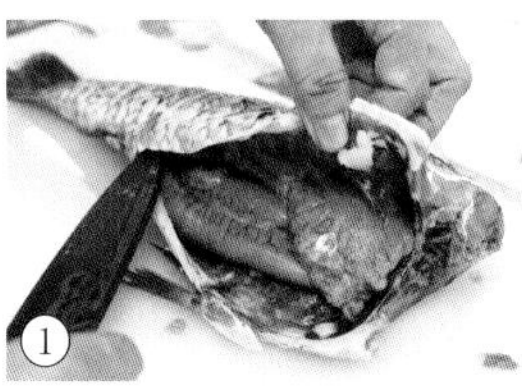
①

②

③

撮影／長野陽一

〈岐阜県〉
ふな味噌

西濃地域の海津市は木曽三川(木曽川、長良川、揖斐川)沿いで集落全体を堤防で囲んだ「輪中地帯」として有名で、特有の川魚の食文化が残っています。川魚が多くとれた昔は、鯉やふなを鯉こく、ふな味噌、姿煮などにしてふるまいました。

ふな味噌はふなと大豆と味噌のうま味が重なった深みのあるおいしさの料理です。赤味噌(豆味噌)と梅干しのおかげか、甘すぎることはなくスッキリとした味です。ふなの骨まで食べられるようにとろ火でじっくり数日かけて煮こんでいます。魚を余すことなく食べる料理でもあります。ある程度日持ちするので、冬場の定番料理でした。正月、さぎっちょ(左義長、どんど焼き)、秋祭りや来客時にも出され、酒の肴にもなりました。

ふなを姿煮にして、大皿に盛りつけるのが一般的ですが、大勢でつつくのが食べにくいと感じた家では、素焼きしたふなの身をくずしてから煮る方法でつくり、銘々の皿に盛り分けて出していました。

協力=海津市食生活改善協議会
著作委員=木村孝子

撮影/長野陽一

大鍋で大量につくるときは、竹で編んだ煮ザルを敷いて煮こむ

素焼きしたフナをほぐしてから煮たもの。銘々に盛る

<材料> 8人分

大豆…220g
フナ…3尾(1尾15〜20cm)
梅干し…2粒
赤味噌(豆味噌)…100g
中双糖(ちゅうざらとう)または上白糖…100g
水…適量

<つくり方>

1 大豆は洗って、たっぷりの水に一晩つけておく。
2 フナはウロコと内臓をとり除ききれいに洗い、水けをふきとる。
3 フナは独特な臭みがあるので素焼きする。七輪あるいはガスコンロに金網をのせて、焦げ色がつく程度(約10分)に両面を焼く。
4 深い厚手の鍋に大豆と梅干しを入れ、その上に冷めたフナをのせてかぶるくらいの水を入れて水煮する。中火で約2時間で火を止め、冷めてからまた約2時間煮る。
5 4を2〜3日繰り返す。水が少なくなったら足していく。
6 大豆がやわらかくなり、フナの骨が箸で触ってくずれるようになったら、中双糖と味噌を加えて味つけし、落とし蓋をしてコトコトと45分ほど煮る。鍋底が焦げつきやすいため、ときどき、しゃもじを入れて確認する。
7 フナの煮汁が少し残る程度まで煮て火を止める。蓋つきの密閉容器などに入れて、冷蔵で4〜5日、冷凍で3カ月は保存できる。

◎3で素焼きしたフナはポリ袋などに密封して冷凍し、使うときに半解凍して煮てもよい。

撮影 / 高木あつ子

<材料> 4人分

- サゴシ*…正味160g（切り身2切れ程度）
- 塩…5g（小さじ5/6）
- 酢…約大さじ2

- 大根…400g（10cm長さ）
- 塩…4g（小さじ2/3）

- 金時にんじん…40g（1/5本）
- 塩…0.4g

酢味噌

- 白味噌…80g
- 砂糖…32g（味噌の40％重量）
- 酢…20mℓ（味噌の25％重量）

細ねぎ…16 g（3本）
赤唐辛子…1本

*本来はフナでつくるが、今は入手しにくいので、サゴシ（サワラの幼魚）やコノシロで代用する。

<つくり方>

1 サゴシは1cm幅に切り、塩をふり、30分ほどおいたあと、つかる程度の酢をふりかける。魚が白っぽくなったら軽くしぼる。
2 大根とにんじんはそれぞれ幅1cm、長さ4cm、厚さ5mmの短冊切りにし、塩をふってしばらくおき、しんなりしたら、さっと水で洗いかたくしぼる。
3 ねぎは小口切り、赤唐辛子は種を除いて薄く輪切りにする。
4 白味噌に砂糖をよく混ぜ、少しずつ酢を混ぜて酢味噌をつくり、3のねぎと赤唐辛子の一部を混ぜ合わせる。
5 1、2を4で和え、器に盛り、残ったねぎと赤唐辛子を散らす。

〈香川県〉

ふなのてっぱい

晩秋から冬にかけての讃岐を代表する郷土料理で、ふなのことを鉄砲と呼んだことから「鉄砲和え」という名がつき、「てっぱい」となったといわれています。

香川県は瀬戸内気候で雨が少なく、古くから水不足に悩まされてきたため、各地に多くのため池をつくって水を確保してきました。ため池は農繁期の終わった秋から冬に、水を抜いて日干しにし、水を入れ替える「池干し」をしました。作業は地域の人たちが集まって行なわれました。てっぱいは、その際にとれた寒ぶなをさばいて塩をして酢じめにし、水分や甘みの増した冬の大根やにんじんとともに、讃岐の白味噌を用いた酢味噌で和えた料理です。集まった人の酒の肴、また夕食のおかずとして食卓に並んだといわれています。寒い時期にとれる寒ぶなは、臭みも少なく脂がのっているので、これだけで酒の肴にできたといわれています。今では、ふなは手に入れにくいため、さごしやこのしろでつくっています。

協力＝岩本仟子　著作委員＝次田一代

〈秋田県〉

鯉の甘煮

秋田県では正月の魚料理として、鯛の塩ふり焼き、はたはたの塩ふり焼き、きんきん（きんき）の塩ふり焼き、ぶりの照り焼きとともに鯉の甘煮もとり入れられています。鯉の甘煮は内臓も骨もおいしく食べられます。醤油、酒、砂糖などで甘辛く煮こみ、保存もきくので、おせち料理として重箱詰めにも適しています。

以前は自宅の池で、観賞用だけでなく食用としても飼っている家もあり、正月、盆、お祝いなどに池の鯉を料理して食べられていました。しかし2010年頃に養殖鯉が大量に死んでしまうコイヘルペスウイルス病が広範囲に発生したため、ほとんどの家で食用の鯉を飼うことがなくなったようです。今は、鯉の養殖加工をしている業者も少なくなり、有名なのは県南の湯沢市横堀にある養鯉場（ようりじょう）です。県南を流れる雄物（おもの）川の支流、役内（やくない）川の冷たい清流の恵みを受けた横堀鯉は、身がしまって川魚特有の臭みもなくおいしいといわれています。

協力＝佐藤圭子　著作委員＝山田節子

撮影／高木あつ子

<材料> 5人分

コイの切り身…5切れ（750g）
醤油…200g（約175mℓ）
酒…400g（400mℓ）
みりん…400g（約350mℓ）
砂糖…350g
番茶…適量

<つくり方>

1 コイを軽く洗って鍋に並べ、切り身が隠れる程度の番茶（500mℓほど）だけで10分ほど煮る。
2 1の鍋に調味料をすべて入れ、落とし蓋をして中火で1時間ほど煮る。
3 ときどき鍋の煮汁を確認しながら、汁がなくなりコイに照りが出て骨がやわらかくなるまで、さらに2時間ほど、弱火でゆっくり煮つめる。途中で汁がなくなったら、100mℓずつ何回も番茶を足して焦げつかないようにする。

◎コイをお茶で煮ると生臭みが消え、骨がやわらかくなるといわれている。

撮影／長野陽一

<材料> 4人分

コイのぶつ切り…4切れ
水…1.5ℓ
砂糖…2カップ
酒…4カップ
醤油…1カップ

<つくり方>

1 平鍋に水、砂糖、酒、醤油を入れてひと煮立ちさせたところに、コイを重ならないように静かに入れる。
2 落とし蓋をし、弱火にして3〜4時間かけてコトコトと煮つめる。アクが出てきたらとり除く。圧力鍋を使う場合は強火で加熱し、圧力がかかってきてから火を弱めてさらに20〜30分ほど煮る。
3 煮汁がひたひたになったら一度火を止めて冷ます。
4 再度火にかけ、煮汁をかけながら魚に色がついて汁にとろみが出るまで煮つめる。

〈福島県〉

鯉のうま煮

会津や郡山で鯉料理というと最初に思い浮かべるのがこの料理です。たっぷりの砂糖と醤油で煮つけた鯉は身がみっちりとしまり、甘辛い味があとをひきます。

会津で鯉が食べられるようになったのは、天明の大飢饉のあと、家老の田中玄宰（はるなか）が何かあったときのために各家庭で鯉を飼うことを奨励してからといわれています。ただ、飼えたのは裕福な家で、当時はお産や病気のときしか食べられない高価な魚でした。なかでも貴重な砂糖を使ったうま煮はごちそうで、祝いや祭りで出される主役級の料理でした。料理人を連れて生きた鯉をお歳暮に持っていき、その場でさばき、家人がうま煮や他の料理にしたそうです。その後、養殖方法が確立し、昭和40年代頃には仕出し料理に必ず鯉のうま煮が入るようになりました。現在、郡山は全国一の養殖生産量があります。背景には、ため池や沼がたくさんあること、製糸業がさかんで餌となる蚕（かいこ）のさなぎが簡単に手に入ったことなどがあります。

著作委員＝中村恵子、會田久仁子、津田和加子、柳沼和子

〈長野県〉

鯉のうま煮

佐久地方では年取り、お盆、冠婚葬祭や宴会には必ずといっていいほど鯉料理が出ます。洗い(刺身)、鯉こく、塩焼きなどありますが、うま煮はとくに喜ばれます。田んぼに千曲川の豊かな水が注ぐ佐久地方では、稲田養鯉といって田んぼで鯉を飼ってきました。鯉は年貢で納める必要がなかったので多くの人が取り組み、明治時代、養蚕・製糸業が発達し、鯉の餌になる蚕のサナギも安く大量に手に入ると、さらに養鯉がさかんになりました。

地元には鯉専門店があり、一年中生きた鯉を売っています。生け簀から好みの大きさの鯉を買って、ウロコと、苦玉をつぶさないようにとり、その場で筒切りにしてもらいます。腹わた(内臓)はついたまま、血も洗い落とさず、甘辛く煮つけます。とくにおいしいのは腹わたです。こっくりと煮えた濃厚な味わいで、まず腹わたから食べます。煮ると身が盛りあがるのは、鯉の身がしまっているおいしい証拠です。

協力＝佐久市農村生活マイスターの会、中村美登里　著作委員＝吉岡由美

撮影／高木あつ子

＜材料＞ 5人分

コイの切り身*(筒切り)…5切れ(1kg)
醤油…120mℓ
酒…100mℓ
砂糖…150g
みりん…50mℓ
水…300mℓ

*切り身は洗わずに調理する。

＜つくり方＞

1 切り身が平らに並ぶ大きさの鍋に調味料と水を入れる。煮立ててコイの切り身を入れる。
2 強火にしてアクをとり、落とし蓋をして弱火にする。
3 焦がさないように気をつけながら、1時間ほど煮汁をかけながら煮る。
4 くずれやすいので、フライ返しなどでとり出して盛りつける。

撮影／高木あつ子

＜材料＞ つくりやすい分量

ワカサギ…1kg
小麦粉…適量(魚の8〜10％重量程度)
油…適量
漬け汁
- 砂糖…100g
- 酒*、うす口醤油、酢…各60mℓ

*酒の1/3量を梅酒にする場合もある。

＜つくり方＞

1 漬け汁は合わせてひと煮立ちさせる。好みで刻んだ赤唐辛子（分量外）を加える。

2 ワカサギの水けをふき、小麦粉を薄くつけ、余分な粉をはたく。180℃の油で4〜5分かけてカラッと揚げる。

3 1の汁に、揚げたてのワカサギをからませてとり出し、汁と別にする。汁は別容器に保存し、食べるときにかけてもよい。

◎ワカサギのから揚げは、本来は素揚げだが、揚げるときに油が飛び散るため、最近は、粉をまぶすのが一般的。粉はかたくり粉を入れたり、とうもろこしの粉を使う場合もある。

◎ワカサギは、冷凍されたものが一年中売られている。

ワカサギ

〈山梨県〉

わかさぎの甘酢漬け

山中湖村では、山中湖でとれたわかさぎを昔から甘酢漬けや佃煮にしてきました。いずれも保存がきく家庭の常備菜です。

昔は冬の寒さが厳しく、湖は全面結氷するため、トラックも通行でき、子どもは対岸の学校に湖を渡って登校したそうです。湖面の氷に穴を開けて行なうわかさぎの穴釣りは村民にとって冬の大きな楽しみで、たくさんとれるわかさぎはどの家でも食べられる身近な魚でした。鯉やうなぎもとれ、湖の魚はたんぱく質の供給源として重要な役割を果たしていました。わかさぎも、今ではそれほど安くないですが、旬になると昔ながらの甘酢漬けなどをつくるか、できあいのものを買って食べています。

わかさぎ釣りは9月1日に解禁します。2月15日から4月30日に定置網漁が行なわれ、この期間にとれたわかさぎが市中に出回ります。冬の湖面上での穴釣りは、最近は温暖化の影響で湖が結氷しないため、船での釣りが主流となっています。

協力＝高村園葉、羽田良子
著作委員＝阿部芳子

〈群馬県〉

なまずのたたき揚げ

なまずの頭や骨、皮などをたたいて揚げたもので、県の最東部にある板倉町で昔から親しまれてきた料理です。南北に利根川と渡良瀬川が流れるこの一帯は県内で最も標高が低く、大小の沼も多く水害の多い土地でしたが、川魚が豊富にとれます。なまずは、筊筌漁（どうけ）といって、竹を円筒状に編んだ筌（うけ）を川に仕掛け、その中にもぐりこんだところを引き上げます。産卵で移動する4月から6月が最も漁獲量が多く、冬場は少ないですがおいしいそうです。

白身で小骨が少ないので天ぷらにすると食べやすく好まれましたが、大きな頭や骨などが残ります。そこでつくったのがたたき揚げです。小麦粉や豆腐、ごぼうや味噌を加えて揚げると、骨も気にならずにおいしく食べられます。かたい頭をなたで割り、棒でたたくのは男性の仕事でした。今では家庭でつくることはほとんどありませんが、天ぷらやたたき揚げを販売している農産物直売所や専門店があり、人気があります。

協力＝荒山尚士　著作委員＝神戸美恵子

撮影／高木あつ子

＜材料＞ 4人分

ナマズ（頭や骨、皮、切れ端など）…160g
しょうが…1かけ（12g）
にんじん…1/3本（40g）
ごぼう…1/4本（40g）
豆腐…2/3丁（200g）
小麦粉…120g
溶き卵…20g
白味噌…50g
揚げ油…適量

＜つくり方＞

1 ナマズは、皮や切れ端は包丁で細かく切りたたき、頭や骨は棒やすりこぎで細かくたたく*。
2 しょうがはするか、みじん切りにする。
3 にんじん、ごぼうを細かく刻む。
4 1～3を混ぜ、豆腐、小麦粉、溶き卵、味噌を加えてよく混ぜ、俵形にする。
5 4を中温の油で揚げる。骨に火が通りにくいので、たっぷりの油を使い、表面に色がついたら、弱火にして10分くらい加熱する。天つゆ、醤油などをつけて食べる。

*ナマズをたたくときは、まな板ではない木の板を使う。頭や骨はかたいので、まな板でたたくと傷がついたりへこんだりする。

撮影／高木あつ子

〈群馬県〉 鮎の塩焼き

群馬県は清流が多く、鮎がよくとれます。昔から利根川上流や碓氷川上流などには夏の期間だけ営業する「簗」と呼ばれる食事処があり、簗漁でとれた新鮮な鮎を調理して食べさせてくれました。一般に「簗」というと鮎をとる仕掛けをさし、川の中に設置した竹や木のすのこ状の台で泳いできた鮎を捕まえるものですが、群馬県では簗のある食事処も「簗」と呼びます。

料理は、炭で焼いた塩焼きから、フライ、酢の物、刺身、鮎ずし、炊きこみご飯、味噌汁といろいろあります。川べりの店内には涼しい風が吹き気持ちがよく、夏になると暑気払いと称して家族で必ず1回は食べに行ったという人や、これを食べないと夏になった気がしないという人がたくさんいます。

利根川上流の地域では、夏に釣った鮎を串に刺して囲炉裏で焼き、わらの筒に刺して常備魚にしていたそうです。焼き鮎は、甘露煮にしたり軽く焼いて酒の肴にしたりして、一年中利用しました。

協力＝狩野久代
著作委員＝堀口恵子

<材料> 4人分

アユ…4尾
塩…適量
みょうがの甘酢漬け…4個

<つくり方>

1 アユは、包丁の背先で尾から頭に向かってぬめりを軽くこそげとり、水洗いして水けをふきとる。
2 グリルの中を予熱しておく。
3 アユに串を打つ。口から中骨に沿って身をくねらせるように刺し、最後は尾を上げるようにして尾ビレの後ろに串を抜く。
4 まな板の上に置き、塩を3本指でつまみ、高い位置から両面に塩をふる。ヒレや尾は焦げないようにアルミホイルでおおう。
5 予熱したグリルの網に油（分量外）を塗り、アユをのせて12〜15分、両面に焼き色がつくまで焼く。
6 焼き上がったアユの串を、ゆっくり回しながら抜く。皿にのせ、みょうがの甘酢漬けを半分に切って前盛りにする。

〈三重県〉
なれずし

なれずしは腐れずしと呼ばれ、県全域で見られ、いずれも「生なれ」に属します。多くが姿ずしの形でつくられ、魚種は北勢・中南勢・伊勢・伊賀ではコノシロが、東紀州・伊勢で鮎がよく使われます。今回紹介するのは、東紀州熊野川流域の鮎のなれずしですが、熊野川に昭和30年代にダムができて鮎の入手が困難になり、近年はさんま、鯖などでも漬けられます。脂の少ない魚が適しており、さんまや鯖でも三重県まで下った、脂の抜けたものがおいしくできます。

生なれの魅力は独特の酸味(主成分は乳酸)と香り(発酵臭)にあります。初めての人には好みの分かれるところですが、なれずしがないと正月を迎えられないという人もいます。正月に開けられるよう、20日ほど前に漬け、1週間で食べきります。好きな人は、その後も1月上旬から3月上旬まで何度か漬け、3月20日前後の開封を最後に1年のなれずしづくりは終わります。以降は温度が上がるため、漬けこむには不向きになります。

協力=林信行、林千鶴子、広瀬元久、西村有子 著作委員=成田美代

<材料> 25ℓの桶1個分

アユの下漬け用
- アユ…50尾(4.5kg)
- 塩…2kg

【本漬け用】
米*…2升
酒…2カップ
塩…大さじ2
水…4.5ℓ
熱湯…10カップ程度(炊飯時の様子でもっと増えることもある)

ハナミョウガの葉50枚、ウラジロ100枚、漬けこみ時の消毒用の酒、木製の漬け用桶と蓋、10kg重し

*1割をもち米に替えたり、米を炊くときに昆布を入れる人もいる。

切る前のアユのなれずし。下に敷いているのはハナミョウガの葉

上からカマス、サンマ、サバのなれずし。東紀州熊野川流域では、さまざまな魚でなれずしをつくっている

<つくり方>

【アユの下処理と塩漬け】

1 アユを水洗いし、ウロコをとり、背開きし、エラや内臓、中骨を除いて水洗いしてきれいにする。

2 塩をまぶして桶に入れ、軽く重しをかける。漁師は釣れた都度桶に入れて塩漬けにし、なれずしづくりに必要な数を確保する。

【本漬けの準備】

3 桶は水に浸して水分がもれないように吸水させておく。使う際に水を捨てて消毒用の酒でよくふく。

4 ハナミョウガの葉とウラジロは本漬けの2〜3日前に準備し、両面きれいに洗ってポリ袋に保管する。使う前に両面をきれいにふく。

5 本漬けの前日、アユを水につけて塩出しをする。塩の抜き具合は、身をつまんで試食して確かめる。ほどよく塩を感じる程度がよい。抜きすぎると水っぽくなっておいしくない。水分をきるためにザルに並べて 陰干ししておく。

【本漬け当日】

6 米を洗い、大鍋に水や酒、塩を入れて強火で加熱する。ふき上がったら少し火を弱め、しゃもじで混ぜながら熱湯を4〜5カップ加える。さらに火を弱め、混ぜながら様子を見て熱湯を加える。かためのおかゆ程度に炊き上がったら火を止める。30分ぐらい蒸らしを兼ねて冷ます。

7 俵形のおにぎり状に50個にぎる。やわらかく持ちにくいので、4のハナミョウガの葉の上にのせる。

8 この上に5のアユをのせて巻きすで形を整える。

【本漬け】

9 桶に消毒用の酒をふってウラジロを敷き詰め、その上にハナミョウガの葉ごと8をすき間なく敷き詰める。1段目が詰め終わったら、酒をふり、ウラジロを敷き詰めて2段目以降同様に詰めていく。全部詰め終わったら、最後にウラジロをのせて落とし蓋をして、重しをのせる。そのあと、蓋が隠れるくらいの2〜3%塩分の塩水(分量外)を流し入れる(水封という)。ビニールなどで重しの上からおおい、ひもでからげておく。

【発酵】

10 冷暗所で20日前後、ねかせて発酵させる。水封した塩水が白く濁り、さらに白カビが発生してきたのを発酵終了の目安とする。

【逆押(さかお)し】

11 発酵を終えたら、水封の水を表面の白カビと共に汲み出す。桶を重しごと上下ひっくり返し、上に新たな重しをのせて、数時間から一昼夜おく。余分な水分がぽたぽたと落ち、しっかりした漬け上がりになる。

【開封・できあがり】

12 桶の蓋と表面のウラジロをとり除き、1個ずつとり出す。形を整え、ハナミョウガの葉をとり除いて、2cmくらいの幅に切る。醤油または七味唐辛子入りの醤油をつけて食べる。

◎最近は13日という短い発酵期間も報告されている。

撮影／長野陽一

〈滋賀県〉

氷魚(ひうお)の酢の物

氷魚は琵琶湖でとれる3〜6cm程度の鮎の稚魚です。ウロコがなく、魚体が氷のように透き通っているため氷魚と呼ばれています。11月に孵化(ふか)した氷魚をとるのは12〜3月。期間限定で一定量しかとれないため、滋賀の人にとっても特別な魚です。新鮮な氷魚はゆでると臭みがなくしっとりとした舌ざわり。二倍酢とおろししょうがをかけるとさっぱりと食べられます。

氷魚は他府県の川で放流する稚魚として売買されるので、滋賀では鮎は生計を立てるためにも大事な魚です。また、琵琶湖で成魚になった鮎は「こあゆ」といい、川を遡上して大きくなる鮎と区別されます。こあゆは成長しても10cmほど。氷魚に比べ鮎独特の苦味がありますが、煮ると骨までやわらかく、丸ごと食べられるので山椒煮にします。

琵琶湖で生業を営む人たちは、こあゆや氷魚の姿を見ることで、今年も恵みをもたらしてくれるだろうと安心するのだそうです。

協力＝駒井敏子、橋本きくえ、大岡あや子、磯田静子　著作委員＝石井裕子

撮影／長野陽一

＜材料＞ 4人分

氷魚*…200g
しょうが…10g
酢…大さじ1
醤油…大さじ1

*琵琶湖で12〜3月にかけて水揚げされるアユの稚魚。

＜つくり方＞

1 氷魚は洗って水けをきる。
2 たっぷりの熱湯に氷魚を少しずつ入れる。湯の温度が下がると生臭くなるので沸騰を保つようにする。色が白く変わって浮き上がってきたら、ペーパータオルを敷いたザルにあげてしっかりと水けをきる。
3 酢と醤油を合わせる。
4 器に2の氷魚を盛りつけて3をかけ、おろししょうがを添える。

生の氷魚。滋賀県の鮮魚店では生きたままの状態で売られていることもある

〈滋賀県〉

いさざのじゅんじゅん

滋賀県ではすき焼きのことを「じゅんじゅん」と呼びます。入れるのは鶏や鴨肉、牛肉、豚肉などさまざまですが、いさざのじゅんじゅんは誰もが喜ぶ一品です。いさざはハゼの仲間で琵琶湖の固有種。魚臭さや内臓の苦味がなく、骨までやわらかく、いいだしが出るため珍重されています。じゅんじゅんにすると、そのだしがたっぷりの九条ねぎやきのこの旨み、油揚げのコクと相まってえもいわれぬ味わいです。

いさざは水温が低いのを好むため、夏場は湖底の水が冷たいところに生息していますが、冬場になると湖の表面水温が下がり、水面近くまで上がってくるので、よくとれるようになります。近年は手に入れにくくなりましたが、冬に来客があるときは、方々の魚屋に問い合わせ、たとえ遠方の魚屋でも足を運んで入手し、じゅんじゅんでおもてなしをするそうです。また、正月にもじゅんじゅんを食べますが、これがいさざのときは最高のものだといいます。

協力＝橋本きくえ、駒井敏子、大岡あや子、磯田静子　著作委員＝石井裕子

撮影／長野陽一

＜材料＞ 4人分

イサザ…200g
九条ねぎ…100g
椎茸…6枚
えのきたけ…100g
油揚げ…100g
酒…大さじ1
砂糖…大さじ2
醤油…大さじ3
好みで卵…4個

＜つくり方＞

1. イサザはよく洗って、水けをきる。
2. ねぎは斜め切りにする。
3. 椎茸は飾り切りかそぎ切りにする。えのきたけは半分に切る。
4. 油揚げは油抜きをしてから1cm幅に切る。
5. 鍋にねぎを鍋底が見えないくらい敷き詰めて火にかける。
6. ねぎがしんなりしたらイサザを入れ、酒、砂糖、醤油で味を調える。きのこと油揚げも入れて煮上がったら火を止める。
7. そのまま食べてもよいが、好みで卵を小鉢に割りほぐし、鍋の具材をつけながら食べる。

イサザはハゼ科の体長8cm前後の小魚。全体に黄色味を帯びている

〈滋賀県〉

めずし

めずしは発酵期間が1〜2週間のなれずしで、漬けた飯(いい)を魚と一緒に食べます。琵琶湖周辺の、稲作と淡水漁業から得る米と魚を食材の柱とした水辺の暮らしが営まれる地域でつくられ、盆の象徴的なごちそうで、大切な客をもてなす料理でもあります。近江八幡、野洲(やす)、草津や守山の雑魚のすし、湖西のうぐいずしやはすずし、湖北の鮎ずしなど、小魚を使ったものをめずしといいます。近江八幡市安土では、おいかわを使ったおいかわずしがとくに好まれます。

昔は、盆の藪入り(やぶいり)（奉公人や嫁に行った娘が実家に帰る日）に合わせ、その1週間ほど前に漬けこみました。今も子どもの帰省に合わせて準備する家庭があります。塩切り（塩漬け）したおいかわは販売されていますが、12月から2月に売りにくる生のおいかわを家庭で塩漬けすることもあります。漬け上がった飯は普通の酢めしとは違い、発酵した深みのあるうま味と甘味があり、つぶれていないのが上出来とされます。

協力＝小島朝子、今江秋子
著作委員＝久保加織

＜材料＞ 50個分

米…1升
水…1.1升
塩切り（塩漬け）したオイカワ*
…50尾
酢…2合（360g）
酒（手水用）…少々
青じそ…50枚
10〜15ℓの桶、落とし蓋、三つ編み縄、3kgの重し

*オイカワは、コイ科の淡水魚。12月から2月頃にとれるオイカワなどの小魚を、自分でウロコと内臓をきれいにとって背開きし、8割程度の塩とともに数カ月間塩切りしたものを用いてもよい。

＜つくり方＞

1 米を洗って分量の水で炊飯する。炊けたら飯切りなどに移し、常温になるまで十分に冷ます。

2 塩切りした魚（写真①）を水でよく洗い、ペーパータオルなどで軽く押さえ、水分を丁寧に除く（写真②）。

3 **2**の魚を酢に10分ほど浸してしめる（写真③）。

4 漬けこみ用の桶を洗い、水分をしっかりふきとる。

5 桶底に**1**のめしを敷き（写真④）、手を酒でぬらして、めしを手で押さえて平らにする。**3**の魚を、皮を上にして重ならないようにめしの上に並べる（写真⑤）。めしを魚が見えないくらいまで入れ、酒でぬらした手でしっかり押さえる（写真⑥、⑦）。これを繰り返しながら、めし、魚、めし、魚と層を重ねる。最後は飯を2cmくらいの厚さに入れてしっかりと押さえる。

6 三つ編み縄を桶の内側に沿わせ、落とし蓋をし、重しをおく（写真⑧）。

7 1日くらいで、重しで押さえた桶に水が上がってきて、空気と遮断される。上がってくる水が少ない場合は、7％程度の塩水で張り水をする。

8 5日後に桶を開けて漬かり具合を確認する。まだ浅い場合はさらに2〜3日間漬ける。発酵臭がしっかりとし、少し食べて酸味とうま味があればよい。魚を上げ、腹に飯(いい)を抱かせるようにして、青じその上におく。食べる際は、青じそでくるむ。

◎三つ編み縄は、桶の縁のめしが重しで盛り上がるのを防ぎ、空気に触れないようにするために沿わせる。以前はわらを木づちでたたいてやわらかくしたもの（かいわら）を三つ編みにして用いていたが、現在は、太めのナイロン製の縄を三つ編みにして用いることが多い。

①

②

③

④

⑤

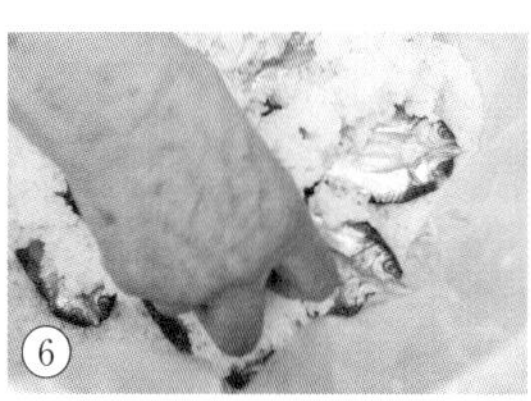
⑥

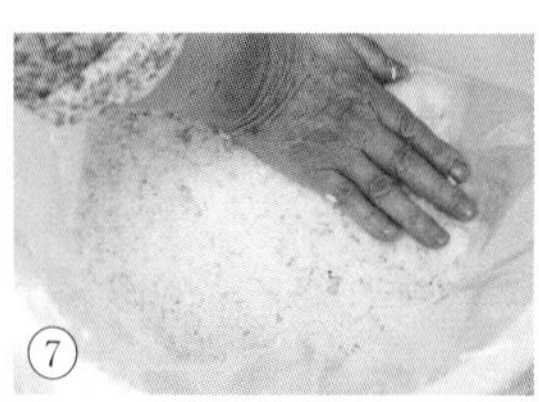
⑦

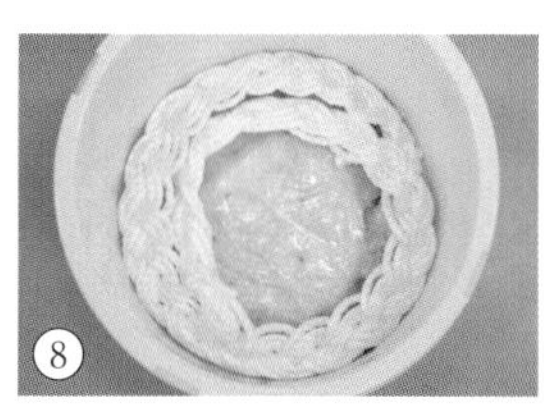
⑧

撮影／長野陽一

〈滋賀県〉

焼きほんもろこの泥酢

滋賀県のおいしい魚の筆頭にあげられるのが、琵琶湖の固有種であるほんもろこです。昔から、船上でとれたてのほんもろこを炭火で焼いて食べるのが、漁師の醍醐味とされてきました。春、産卵期を迎えるほんもろこは、湖岸に生える柳の木の根毛に産卵しに来ます。この習性を利用して、河口や内湖（湖岸の陸側にある小さい湖沼）に刺し網を仕掛けて漁を行ないます。素焼きにすると骨までやわらかく、上品なうま味で泥酢（辛子酢味噌）の酸味や辛みとよく合います。春は内臓の苦味が少ないので、なれずしをつくる際も子持ちが珍重されます。

ほんもろこは京都の料亭などに高値で売れるため、地元の人も普段は滅多に食べられず、安価なすごもろこを食べることが多いそうです。沖島や安土町では、春祭りになると、川魚屋に頼んでおいたほんもろこを焼いたり、煮つけにして、お客さんと一緒に食べて楽しみます。

協力＝西居悟、駒井敏子、橋本きくえ
著作委員＝堀越昌子

撮影／長野陽一

<材料> 4人分

ホンモロコ…120g
泥酢
- 白味噌…大さじ2
- 砂糖…大さじ1
- 酢…大さじ1
- 練り辛子…小さじ1/2

<つくり方>

1. ホンモロコを洗って、串を打ち、ザルにのせ、水をきる。
2. ホンモロコを全体に火が通り、薄く焦げ目がつくまで素焼きする。
3. 白味噌、砂糖、酢、練り辛子を混ぜて、泥酢をつくる。
4. 焼いたモロコを器に盛って、泥酢を添える。

ホンモロコは成魚でおよそ10㎝。素焼きにしょうが醤油をかけてもおいしい

撮影／五十嵐公

<材料> 5人分

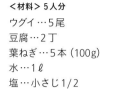

ウグイ…5尾
豆腐…2丁
葉ねぎ…5本（100g）
水…1ℓ
塩…小さじ1/2
うす口醤油…1/4カップ

ウグイ。大きいものだと体長30㎝ほどになる

<つくり方>

1 ウグイはよく洗って内臓をとり、2〜2.5㎝のぶつ切りにする（写真①）。
2 鍋に水を入れ、ひと煮立ちさせ、ウグイを入れて煮立ってきたら、塩と醤油を入れる。豆腐を大きめに切って加える。
3 具材が煮えたら4㎝長さにぶつ切りしたねぎを加えてなじませる。

〈鳥取県〉じゃぶ

鳥取では、じゃぶじゃぶと汁けを多めにしてつくる煮物のことを「じゃぶ」といいます。魚や肉などの動物性たんぱく質の食材に野菜や豆腐を加えて煮て、お椀に盛って汁を吸いながら食べます。

県東部の山間部に位置する八頭（やず）地域では、近くを流れる八東川（はっとうがわ）でとってきたうぐいを使ってじゃぶをつくりました。具は豆腐とねぎだけ、味つけは醤油と塩だけとシンプルですが、寒中のうぐいは脂がのっていておいしく、冬に食べると体が温まります。うぐいは、かつては貴重なたんぱく質源で、じゃぶ以外にも、鍋物や煮つけにしたり、囲炉裏端で串焼きにしたりして食べられてきました。

他の地域では、家庭で飼っていた鶏やうさぎ、猟でとってきた野生動物の肉と、ごぼうやにんじん、こんにゃくや油揚げなどたくさんの具を入れてじゃぶをつくっていました。昔は、鶏肉は手軽に買えるものではなかったので、じゃぶは祭りや正月、来客時のもてなし料理にもなりました。

協力＝國政勝子、國政正子、村尾久美子、池本利子　著作委員＝松島文子、板倉一枝

〈茨城県〉川えびのかき揚げ

霞ケ浦でとれた小さな手長えびのかき揚げです。霞ケ浦が汽水湖だった昭和の頃は、今より湖の栄養分が豊かで大きな手長えびがとれましたが、淡水化した今は大きく育たず、釜あげした小さいえびを使います。ただ、今でも霞ケ浦の漁獲量の1位はエビで、全漁獲量の約半分を占めます。

川えびは、わかさぎや鯉と並んで行方(なめがた)市でよく食べられる食材です。市内のスーパーでは、川えびの他、小ぶなやぼらの佃煮、甘露煮、焼き物など、川や湖の魚の加工品の品ぞろえが充実し、佃煮専門店の老舗も数軒あります。川えびの佃煮は買って食べるのに対し、かき揚げは家庭でつくられて食べ継がれている料理です。

今はとれなくなりましたが、昔は湖でとれるうなぎはハレの日のもので、家庭でさばいていました。今でもお年寄りの中には自分でさばける人もいます。霞ケ浦周辺には、有名なうなぎ屋や川魚料理屋があり、川のえびや魚が身近にある地域です。

協力＝海老澤武美、海老澤恵子、真家栄子
著作委員＝荒田玲子

撮影／五十嵐公

＜材料＞ 4枚分

川エビ（小さい手長エビ）…120g
三つ葉…60g
小麦粉（薄力粉）…60g
かたくり粉…10g
水…60mℓ
揚げ油…適量

◎霞ヶ浦で川エビといえば、手長エビを指す。大きな手長エビは殻がかたいので、小さいものを使う。9月上旬から10月下旬が手長エビ漁の最盛期。小さいものは、通年とれる。

＜つくり方＞

1 川エビは新鮮なうちに釜ゆで（塩ゆで）しておく。保存するときもゆでてから冷凍する。
2 三つ葉を3cm長さに切る。
3 小麦粉にかたくり粉を混ぜて水で溶き、川エビと三つ葉を入れ、菜箸でさっくりと混ぜる。
4 3を4等分し、木べらにのせて中温の油に落とす。広がる前に菜箸で寄せ、真ん中を押して火の通りをよくし、平らに形づくりながら揚げる。

撮影／長野陽一

<材料> つくりやすい分量

スジエビ…200g
大豆…230g
うす口醤油…1/4カップ
砂糖…90g
酒…2/5カップ(80mℓ)
みりん…大さじ1と1/3

スジエビは5㎝ほどの大きさで胸にスジのような模様がある

<つくり方>

1 大豆はたっぷりの水に一晩つけておく。
2 つけておいた水と大豆を鍋に移し、指で押したときに簡単につぶれるくらいやわらかくなるまでゆでる。ふきこぼれには注意する。ゆで上がったら大豆はザルにあげる。
3 スジエビは洗ってザルにあげる。
4 鍋に調味料を入れて、煮立ったらスジエビを入れる。
5 スジエビの色が白っぽい色からピンク色に変わったら2のゆで大豆を加え、弱火で20分ほど煮こむ。

〈滋賀県〉

えび豆

　すじえびと大豆を醤油や砂糖でことこと炊いた料理です。すじえびは淡水性の5㎝ほどのえび。よくとれるのは琵琶湖の北湖ですが、滋賀のいたるところで売られているため、県全域で食べられています。以前は漁師が釣りの餌として販売もしていましたが、餌だけではさばききれなくなり、食用に売り始めたといいます。従来、滋賀には、ふなやもろこなどの湖魚を大豆と一緒に煮る料理がありました。この湖魚の代わりにすじえびを使ったところ、味の組み合わせがよく、今では滋賀県を代表するおばんざいとなっています。

　すじえびは頭についている額角(がっかく)(角のような部分)がかたく、さっと煮ただけでは口に刺さってしまいますが、じっくり煮続けることでやわらかくなります。また、えびの風味がしみこんだ大豆もおいしく、薄味なのでぱくぱく食べられます。すじえびは大豆と一緒に炊く以外にもえび大根やから揚げ、味噌炊きなどさまざまに調理されています。

協力＝橋本きくえ、駒井敏子、大岡あや子、磯田静子　著作委員＝石井裕子

〈高知県〉

川えびと地ばいきゅうりの煮物

森林が多い高知県には清流も多く、地元の人たちはうなぎ、つがに、手長えびなどさまざまな川の恵みを利用してきました。手長えびを地元では川えびと呼び、小さなものは素揚げに、殻がかたく大きなものは煮物にと使い分けます。その煮物の定番が、地ばいきゅうりと煮るこの料理。地ばいきゅうりは植えたらそのまま放っておき、地にはわせて大きくなったものです。塩もみにして生でも食べますが、冬瓜のように種をとって煮物によく使います。あっさりした川えびのだしにみずみずしいきゅうりがよく合い、薄い塩味でたっぷり食べられる夏の料理です。真っ赤な手長えびと黄緑色のきゅうりとのコントラストも鮮やかで、食卓が華やぎます。

かつて手長えびはどこの川でもとれるもので、川漁師がワナを仕掛けたり、カゴでとったりしていました。慣れた子どもはえびが後ろにぴゅっと飛ぶのに合わせて「えびたま」とよばれる網でとっては家に持ち帰り、晩のおかずにしてもらっていました。

協力＝田村住子、清水建一
著作委員＝福留奈美

<材料> 4人分

川エビ…70g（7〜8尾）
地ばいきゅうり…1本（約400g）
水…2カップ
塩…小さじ1/2
醤油…小さじ2
砂糖…小さじ2
かたくり粉…小さじ2
水…小さじ4

左側が生食用のきゅうりで右側の2本が地ばいきゅうり。地ばいきゅうりはつるを支柱などに伝わせず、地をはわせるようにして栽培する。種が入るくらい大きくなってから収穫し、煮物用に使う。皮は緑のものや黄色に変わるくらいのものもある

<つくり方>

1 きゅうりは、縦半分に切って種を除き、厚さ1.5cmほどに切る。皮がかためなのでしましまにむくとよい。
2 エビは流水で洗って鍋に入れ、分量の水と塩を加えて火にかける。沸騰してエビ全体が赤くなったらザルにあげてゆで汁と分ける。ゆですぎるとエビの身がかたくなるので注意する。
3 ゆで汁に水（分量外）を加えて2カップ程度にし、きゅうりとともに鍋に入れる。きゅうりがひたひたにかぶる程度の汁けがあればよい。
4 醤油、砂糖を加えて蓋をし、中〜強火にかけ、沸騰して3分ほど煮たら**2**のエビを加える。さらに2分ほど煮たら水溶きかたくり粉で薄くとろみをつけ、蓋をして火を止める。5分ほどおいて余熱で火を通す。きゅうりの色をきれいに仕上げるため、また煮くずれないように長く煮すぎないようにする。

◎できたてでも、冷たくしてもおいしい。

手長エビは河口から10〜15kmほどの場所に生息している。写真は仁淀川のほとりでとっているところ

仕掛けていたワナを引き上げる

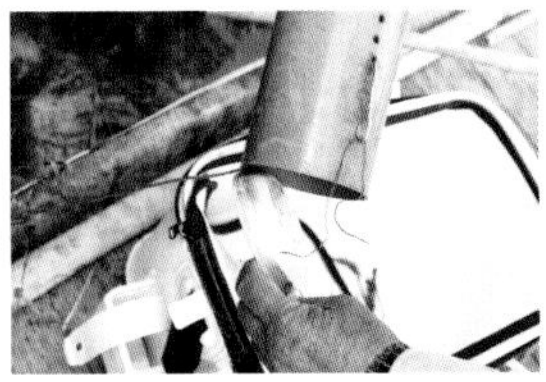

「うぐえ」と呼ばれる仕掛けに魚の身やアラを入れてワナをかける

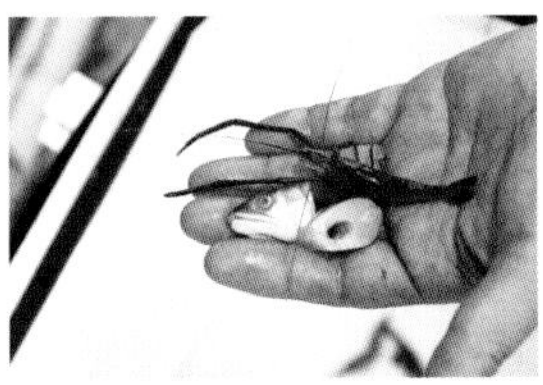

ワナにかかっていた手長エビ

撮影／長野陽一

〈埼玉県〉
うなぎのかば焼きと鯉こく

川や沼が多い埼玉県では、かつてはうなぎや鯉、ふななどは身近な川魚でした。旧浦和市の川にも昭和30年頃まではうなぎがおり、子どもがつかまえては店に持って行き、こづかいにしていたそうです。その後だんだんと姿を消していきましたが、県内には今もうなぎ専門店が数多くあります。

うなぎのかば焼きは、生きたうなぎを割いて串打ちにしてから白焼きにし、一度蒸したものに自家製の甘辛いたれをつけて焼きます。江戸時代から続く浦和のうなぎ専門店には、家族そろって出かけ、とびきり大きなうなぎのかば焼きを頼み、皆で楽しみます。

一方、鯉は、海のない埼玉県でも川で容易に釣れるため、鯉こくは長く庶民のおかずとして親しまれてきました。生きた鯉を筒切りにし、苦玉をとって甘めの味噌味で煮ます。現在は普通のスーパーでは手に入りませんが、大宮区の氷川神社で行なわれる酉(とり)の市(いち)には、鯉やふなを売る川魚の屋台が出ます。

協力＝須賀和子、山内邦子、小島屋
著作委員＝駒場千佳子、成田亮子

鯉こくも川魚専門店で食べられる。店ごとにこだわりの味噌がある

割いたうなぎを串打ちにする。焼いたり蒸すときに身がくずれないためにも重要な作業

白焼きにしたうなぎを蒸し上げる

たれをつけながら炭火で焼く。串打ち3年、割き8年、焼きは一生の修業だといわれている

撮影／長野陽一

〈石川県〉

どじょうのかば焼き他

梅雨前後から夏にかけて、金沢の魚屋の店頭では、真っ赤な火がおこった長七輪で香ばしく焼き上げたどじょうや魚、いかの串が並ぶ光景が見られました。冷蔵庫や冷凍庫がなかった時代、夏は鮮魚の保存が難しくなる店の事情と、できるだけ火を使う調理をしたくないという客のニーズが合って、買って食べるかば焼き・色つけ・鉄砲焼きは夏のおかずの定番になりました。

かば焼きは、金沢ではうなぎよりどじょうが一般的で、骨つきのまま竹串に刺して焼き、「甘くどい」醤油たれをからめます。小骨のコリコリとした食感もおいしく、子どものおやつにも、ご飯がすすむおかずにもなります。

色つけ（照り焼き）とは、さば、鮭、ほっけ、銀だらなどの切り身を焼いてたれをからめたもの。鉄砲焼きはいかやあじに炒りおからを詰めて焼き、たれをからめたもので、食べごたえがあります。

今では店頭で七輪で焼く店は少なくなっていますが、近江町市場や百貨店、スーパーなどでは一年中購入できます。

協力＝浅田博子
著作委員＝川村昭子、新澤祥恵、中村喜代美

創業70年というかば焼き専門店。住宅街の一角で香ばしい煙が立ちこめる。金沢のかば焼きは明治２年に長崎・浦上から配流されたキリシタンがどじょうを捕り、焼いて売ったのが始まりとされる。城下町のため、切腹に通じる腹開きは避け背開きにしたという

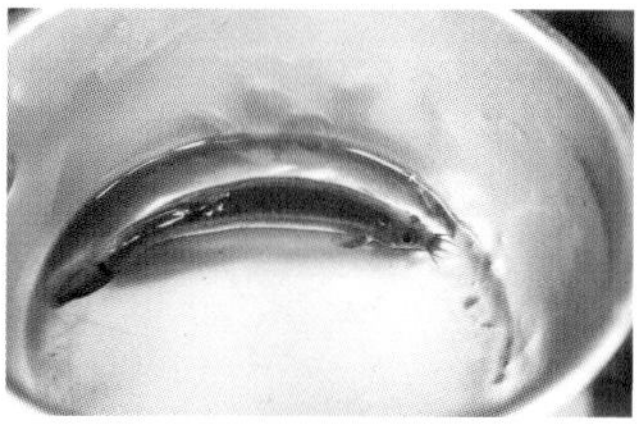
ドジョウは今は高級品だが、昔はかば焼きや汁もの、柳川などによく使われていた。現在でも店先に生きたまま売られている光景を見ることができる。県外産が多くなっており、県内での養殖も研究されている

左からあじの鉄砲焼き、いかの鉄砲焼き、ほっけの色つけ。小皿はいかの鉄砲焼きのスライス。炒りおからが詰まっている。たれは店ごとに秘伝の味で、それぞれに違いがある。頼めば鉄砲焼きをつくってくれる魚屋は今も残っている

撮影／長野陽一

海・川・湖の多様な恵み 土地の魚介を味わう技

本書に掲載された海・川・湖の魚料理89品を比較すると、食材の使い方や調理法にその料理ならではの特徴や地域特性が見えてきます。レシピを読んで、つくって、食べるときに注目すると面白い、そんな視点を紹介します。

●地元で愛される珍しい魚・貝

海に囲まれ、山と河川の多い日本では、家庭料理においても地域独特の魚や貝をおいしく食べる工夫がありました。今、魚介類は輸入ものも多く、安くて簡単につくれる切り身料理が当たり前で人気です。しかし本書で紹介された料理は、骨が多かったり、見た目は少しグロテスクだったり、その土地でとれる、その地域ならではの食べ方があってこその料理です。何がその料理の魅力なのか。おいしく食べる先人の知恵と工夫の技がどこにあるのか。読み解いてみてください。

たとえば、干潟でとれる佐賀のむつごろうの煮物（p29）や、定置網にかかったときだけ出回るという三重のまんぼうの酢味噌和え（p73）などは、地元でしか味わえないものでしょう（写真①②も参照）。滋賀で酢の物にする氷魚（鮎の稚魚）（p104）は、その姿を見ると今年も琵琶湖の恵みが確かなものであると安心するそうで、漁を生業とする人びとにとって特別な存在であることがわかります。

淡水に生息する手長えびは、小さなものは茨城の川えびのかき揚げ（p110）のように丸ごと揚げて、大きなものは高知の川えびと地ばいきゅうりの煮物（p112）のように煮て殻をとって食べます。

群馬のなまずのたたき揚げ（p100）は、なまずのかたい頭や骨、皮などをたたいて揚げたもので、たたくのは男性の仕事だったとか。見ることも食べる機会も少ないなまずの食べ方として興味深いものです。

海のパイナップルとも呼ばれるホヤは、独特のさわやかな風味が特徴です。魚でも貝でもない不思議な生き物で、本書では宮城の蒸しほや（p89）のつくり方が紹介されています。

このように多様な食材をどう選択し、おいしく調理するかは、まさに「台所の科学」である調理科学がテーマとするところです。

●刺身の食べ方いろいろ

本書では刺身料理でも、生魚＋わさび醤油というだけではない食べ方が紹介されています。

薄造りの刺身を流水で洗い、筋肉を収縮させてこりこりした食感を楽しむ「あらい」という料理があります。茨城のぼらの洗い（p26）は、新鮮なぼらが手に入る湖岸ならではの料理です。わさび醤油や酢味噌で食べます（写真③も参照）。

海から遠い内陸まで生で運べる貴重な魚だったわに（サメ）の刺身は、広島では春菊を添え、しょうが醤油で食べます（p70）。生で長もちするのは魚肉にアンモニアができるためで、そ

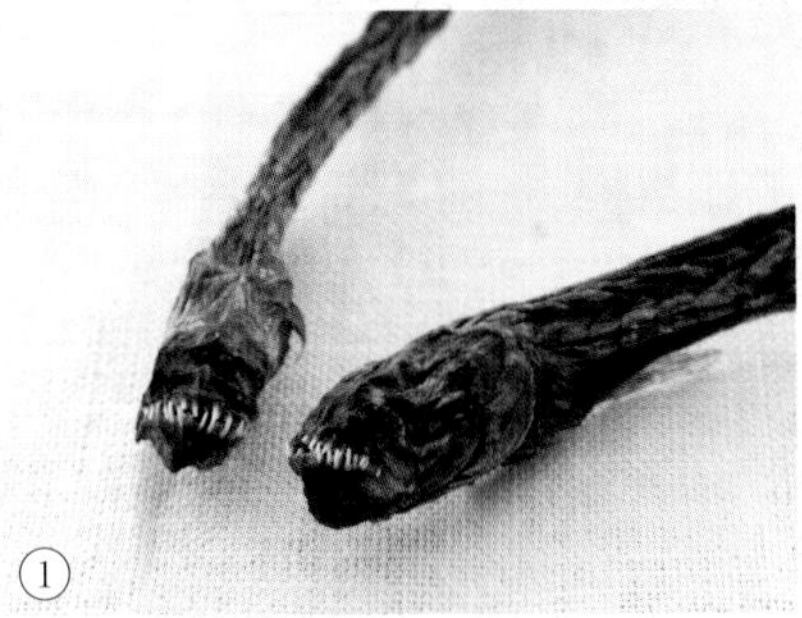

①

佐賀・有明海特産のわらすぼの干物。ハゼ科の魚だ 目が退化し歯が牙のように見える。その外見から「 海のエイリアン」などと呼ばれる。新鮮なものは 煮物・焼き物にするが多くは干物で流通す 員・成清ヨシヱ、萱島知子）（撮影／戸倉

②

揚げわらすぼ（レシピ掲載なし）。干しわらすぼを素揚げし、甘辛く味つけしたもの。泥臭さがなくなり香ばしさが加わり食欲をそそる。わらすぼの干物は粉にして、ふりかけとしてご飯にかけて食べたりもした。（同右）

の臭い消しとしての食べ方だそうです。

今では高級魚のイメージが強いあまだい（ぐじ）の刺身を、佐賀ではすりごまと合わせたごま醤油で食べます（p59）。既刊『魚のおかず　いわし・さばなど』にも、福岡の「さばのごま醤油」が紹介されており、九州では広く親しまれている食べ方のようです。佐賀ではそこに卵黄を加えるのが贅沢で、食い道楽の有田らしい食べ方かもしれません。

刺身の食べ方として複数の県からあげられたのが、魚卵をまぶして食べる方法です。富山の真だらの子づけ（p21）では、昆布じめにした真だらの刺身に、ゆでてほぐした真だらの子（真子）をまぶします。

滋賀ではふなを同様に食べます（p92）。ふなの卵は煮ると鮮やかな黄色になり、その彩りが華やかです。魚卵のぷちぷち感と刺身のこりこり感を楽しむそうで、川魚特有の臭みは辛子酢味噌で消しています。

島根・旧日原町（現津和野町）の鮎の背ごし（レシピ掲載なし）。新鮮な鮎を骨ごと薄く切り、洗って氷水でしめる。骨の歯ごたえとさっぱりした身を楽しむ。あしらいには玉ねぎ、みょうが、しそ、きゅうりを使用。（協力・宮本美保子／著作委員・石田千津恵）（撮影／高木あつ子）

石川でも、たらの子つけが紹介されています（p20）。こちらは酒・うす口醤油・みりん・梅干しを煮つめた煎り酒で食べるそうで、いつ頃からこうした食べ方が続いているのか、興味が湧きます。

鳥取の赤がれいの煮つけ（p44）でも、かれいの卵を刺身にまぶすのを「子まぶり」と呼ぶとあります。魚卵が大きく育ち、それを煮て食べるとおいしい魚では、加熱してほぐれた卵を刺身にまぶすという食べ方が、自然に楽しまれるようになったのだと思います。

●卵と白子と肝はごちそう

魚卵は刺身にまぶすだけではありません。北海道のたらこ和え（p16）はすけとうだらの子と突きこんにゃくを炒り煮にしたおそうざいです。石川の真子煮（p20）は、大きな真だらの卵巣を丸ごとじっくり煮しめたもの。それだけで立派な一品料理で、おせちにも使われます。

たらを余すところなく食べ尽くす石川からは、白子の料理も紹介されています。白子の酢の物（p18）はぷるんとつややかな外観と、とろりと濃厚な食感が持ち味。小さめでまだ張りの十分でない未熟な白子なら汁ものや鍋にするそうで、さすがに食べ慣れている地域では、一番おいしい食べ方を知っています。

内臓で好まれる部位としては、肝も重要です。肝がおいしいことで知られるあんこうを茨城ではとも酢和え（p64）にして、冬場に日常的に食べてきたそうです。プリプリの皮と胃袋などを肝入りの酢味噌で食べるごたえある一品です。

岩手のどんこのぼり焼き（p38）は、内臓をとり出して肝をとり分け、味噌やねぎと和えて腹に戻して焼き上げる料理です。肝の濃厚な脂肪と旨みを生かした料理でしょうか。

高級食材のあわびの肝をとしると呼んでまかない料理として食べたという岩手の貝焼き（p78）は、磯の香りがただよってきそうな酒肴にぴったりの一品です。その他にも貝は肝まで食べることが多く、シンプルに味わう静岡のながらみの塩ゆで（p80）、さっと煮含める富山のばい貝の含め煮（p79）、まち針でくるりと貝の身をとり出す和歌山の磯もんの酢味噌和え（p81）、醤油味でさっと焼き上げる島根のさざえのつぼ焼き（p82）などは、巻き貝の先端の肝までひっぱり出して味わう、ほろ苦さと磯臭さが持ち味の貝料理です。

●内臓も丸ごと食べる

卵や肝に限らず、胆のう以外は内臓をとらずに丸ごと食べる料理も各地にあります。代表的なのは鯉料理でしょうか。本書では一見するとよく似た煮物3品が紹介されていますが、調味料の配合がそれぞれ違うのは興味深いところです。正月、盆、祝いごとのたびにつくったという秋田の鯉の甘煮（p96）、お歳暮に生きた鯉を届けて、連れて行った料理人がその場でさばいたという福島の鯉のうま煮（p97）、年取りや冠婚葬祭、宴会でとくに喜ばれる長野の鯉のうま煮（p98）です。こっくりと煮えた腹わたが濃厚な味わいで、長野ではまず腹わたから食べると紹介されています。

他にも、スズメダイをウロコもエラも内臓もとらずにあぶってかじりつく福岡のあぶってかも（ｐ34）は、やわらかいウロコがパリッと香ばしいといいます。

福島のめひかりのから揚げ（ｐ63）は、頭も内臓も丸ごと1尾をからりと揚げて食べます。ほんのりとした苦味が加わって酒によく合うとのこと。3・11の原発事故の影響で地元産のめひかりがなかなか入手できなくなってしまったことは残念ですが、その食べ方を末永く伝え継いで欲しいと願います。

長野の小ぶなの甘露煮（ｐ91）は頭から骨までやわらかく、ひと口で食べられます。ふなが生きている間に醤油を吸わせて調理することで味がしみこむのだそうです。

滋賀の焼きほんもろこの泥酢（ｐ108）では、春の産卵期のほんもろこは内臓の苦味が少ないといいます。そんな季節による差も敏感に見分けて食べ方を工夫してきたのです。

魚や貝の内臓には、独特の苦味やミネラル分を含む複雑な味わいがあります。ほろ苦さは大人になってからおいしいと感じるものですが、かつては家庭料理を通して小さいうちから慣れ親しみ、味覚の幅を広げていたのだと思います。

●骨も皮もおいしく

丸ごと食べるだけでなく、骨や皮をおいしく食べるためにひと手間かける料理もつくられてきました。

新潟の子皮煮（ｐ14）は、鮭のすり身に混ぜたいくらが映える豪華な料理ですが、細かく刻んだ皮も入っています。皮は中骨とともにゆでてだしにすることもあるそうです。鼻先の軟骨部分「氷頭」のなますや、どんがら（中骨）をやわらかく煮た料理もあり（ｐ15）、ともかく鮭は捨てるところがないのが新潟流です。

群馬でも、年取り魚として塩鮭を大事に食べました。鮭の粕煮（ｐ11）や焼き物にする分だけ切りとり、2月の初午の日には残ったアラを野菜と酒粕で煮て郷土料理「しもつかれ」にして食べたそうです。

大阪からは皮だけを使って一品に仕上げるはもの皮ときゅうりの酢の物（ｐ53）が紹介されています。コリコリしたゼラチン質の皮目のおいしさが伝わってきます。

東京では、煮あなご（ｐ48）をつくるのに魚屋であなごを買い、おろすのは魚屋にまかせ、頭と骨ももらって帰り、煮汁のだしにしたり、骨せんべいをつくって酒の肴や子どものおやつにしていたそうです。

秋田では結婚式や正月の魚料理として、きんきの塩焼き（ｐ62）が食べられています。あらかた食べて残った骨と頭は豆腐やねぎと煮て、骨までしゃぶりつくして食べました。

「あの時代はものがなかったから」という人もいますが、無駄なくありがたく食べ尽くすという姿勢と具体的な手法に学ぶことが多くあります。未来の食のお手本にもなる、日本の伝統的な魚食文化です。

●魚介類と相性のよい食材は

魚介の料理に添えられ、一緒に調理される野菜や豆類にも地域色が見てとれます。また、食感や香りに特徴があるものが多いように思います。

石狩鍋（ｐ6）は、鮭とキャベツのとり合わせがいかにも北海道らしい料理です。北海道では明治時代、他県に先がけて開拓使がキャベツ栽培を導入したのです。福井のかれいの煮つけ（ｐ43）では、赤がれいに青ねぎの組み合わせが定番で、青ねぎは家々で育てたものを使っているそうです。

雑魚や小えびを大豆と煮る大阪のごより豆（ｐ54）や、大豆と小さな淡水のスジエビを醤油味で煮こんだ滋賀のえび豆（ｐ111）は、カルシウムとたんぱく質がしっかりとれる常備菜です。岐阜のふな味噌（ｐ94）は、大豆とふなと豆味噌の組み合わせでつくる冬場の料理で、行事食としても、また酒の肴としても出されました（写真④も参照）。

春の訪れを告げる貝と旬の食材の組み合わせとして、徳島の磯もんのぬた（ｐ83）では春が旬のわけぎを、高知のぐじまとふのりの和え物（ｐ84）では春の磯で拾うふのりを合わせています。どちらも、磯の香りと食材の食感が持ち味の料理です。

●発酵食品ならではのおいしさ

塩漬けの魚とご飯、または米麹を漬けたなれずしの一種、飯ずしも多く紹介されています。

有名な滋賀のふなずしなどは、魚が主役で、発酵期間も1年単位と長いものです。一方、飯ずしは、塩漬け魚とともに漬けこむご飯や麹を一緒に食べるもので、米も主役といえる発酵食品です。発酵期間が1カ月前後で短いこともあり、家庭で日常的につくられてきました。米粒が残った状態で、野菜も一緒に漬けるなどバリエーションが多くあります。行事との結びつきも強く、食べる日から逆算して魚の塩漬けや塩抜きをし、計画的に材料を用意して漬けるものでした。

正月に欠かせないものとしてつくられてきたのが青森の鮭とたけのこすし（p8）、秋田のはたはたの一匹ずし（p40）と鮎を使う三重のなれずし（p102）です。いずれも3～4週間の発酵期間でつくります。

福島の紅葉漬け（p10）は正月のために秋から用意して、2～3カ月かけて漬けていたそうですが、本書では米麹で短期間に漬けるレシピが紹介されています。漬けた晩から食べられ、1週間で食べきる即席漬けは、初心者にもハードルが低く試してみたくなります。

香川のふな豆（レシピ掲載なし）。12月にため池の水を抜いて掃除すると脂ののった寒ぶながとれた。骨まで食べられるほどやわらかく煮る。現在はふなの入手が難しく、海の魚でつくる。写真は小鯛を使用。（協力・岩本イチ子／著作委員・次田一代）（撮影／高木あつ子）

地域的に珍しいのは温暖な瀬戸内でつくられてきた広島のしばずし（p32）です。小ダイ、イボダイ、サッパなどの塩漬けを1週間から半月ほど発酵させます。乳酸発酵の酸味と麹の甘味、山椒やタデのさわやかな香りが特徴のすしで、正月より少し早く、秋祭りのごちそうなのだそうです。

真夏の盆につくられるのが滋賀のめずし（p106）で、琵琶湖でとれるオイカワを冬に塩漬けしておき、夏に1～2週間漬けるものです。夏に漬けるのは珍しく感じますが、既刊『魚のおかず いわし・さばなど』でも、あじを2カ月ほど漬けて7～8月の夏祭りに食べる石川のなれずしが紹介されています。

●面白い道具

便利な道具が家にあったというエピソードもありました。広島のでべら入りなます（p47）では、硬いでべらの干物をたたく専用のブロックが庭にあったり、北海道の棒だらの煮つけ（p17）では、なぜか土間の片隅に短く切った鉄道レールがあり、棒だらを金づちでたたく台にしたそうです。繰り返しつくる家庭料理のために、道具が工夫された例です。

和歌山のいがみの煮つけ（p30）では、大きな魚を2尾丸ごと煮崩れないように煮るために、竹を粗く編んだ煮ザルが活躍しています。現代の家庭ではなかなか使わないかもしれませんが、人が集まる機会には便利な道具です。鳥取の赤がれいの煮つけ（p44）では、昔は皮が鍋底につかないようにわらを敷いていましたが、今は竹串や野菜の皮を敷くとあり、すぐに真似できそうなアイデアです。

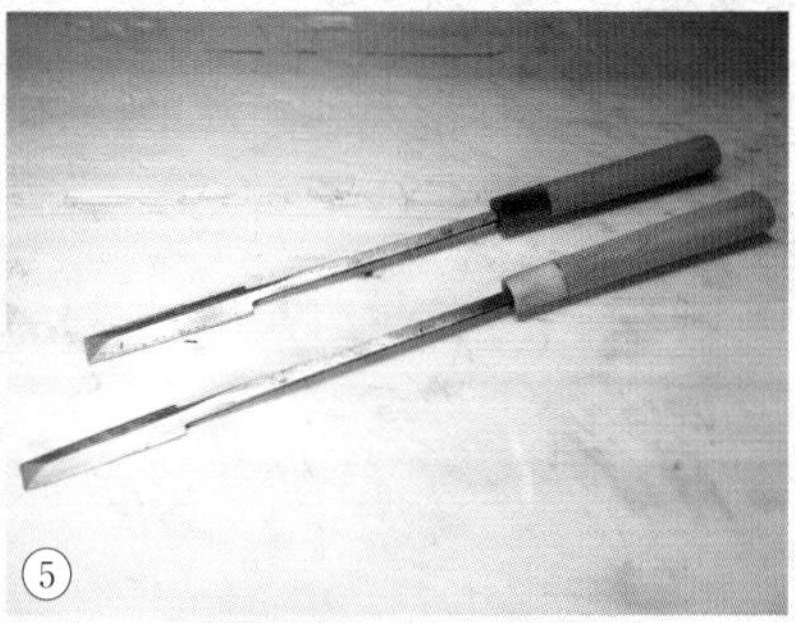

いなまんじゅう（p27）で使ういな包丁。エラブタからさしこみ内臓と背骨を切り離してとり出す。（撮影／五十嵐公）

プロの特殊な道具ですが、愛知のいなまんじゅう（p27）で、ぼらの内臓をとり出すためのいな包丁は、長いのみのような形をしています（写真⑤）。

＊　＊　＊

埼玉のうなぎのかば焼きと鯉こく（p114）、石川のどじょうのかば焼き（p115）のように、地域の懐かしい味としてお店で買って食べるものもあります。つくってみて、あるいは買って味わってみて、そのおいしさや思い出を語ることが地域の味や家庭の味を伝え継ぐことにつながります。１００年先もそんな会話が続くことを願っています。

（福留奈美）

調理科学の目 1

魚肉の性質を生かした食べ方

大越ひろ（日本女子大学名誉教授）

本書では日本のそれぞれの地域で特徴的に利用されてきた魚をとりあげています。魚種を見ると、既刊『魚のおかず　いわし・さばなど』では赤身魚が多かったのに対して、白身魚が多くなっています。これらの魚をおいしく食べてきた調理や加工の工夫について考えてみましょう。

●ほぐれる白身とかたまる赤身

タラやカレイなどの白身魚は生では身が締まっているので、刺身は噛み切りやすいように薄造りにしますが、加熱するとほぐれやすく、やわらかくなります。一方、カツオやマグロなどの赤身魚は生ではやわらかく噛み切りやすいので、刺身は比較的厚く切りそろえますが、加熱すると身がかたく締まり、ほぐれにくくなります。こうした違いは、白身と赤身の魚肉が含むたんぱく質の組成の違いから来ています。

下の表は代表的な肉のたんぱく質の種類と特徴、割合を示しています。

ごく大雑把に言うと、肉（筋肉）はコラーゲンなどの「肉基質たんぱく質」がつくるかたい結合組織を骨組みとして、「筋原線維たんぱく質」が伸縮する線維の束を形成しています。その間に球状の「筋形質たんぱく質」が存在し、その一種であるミオグロビンは筋肉中に酸素を貯蔵する役割をしています。他にも糖の代謝に関わる酵素として働くたんぱく質などもあり、全体として筋肉が成り立っています。

白身魚のタラは筋原線維たんぱく質が76％、筋形質たんぱく質が21％で、筋原線維たんぱく質の割合が高くなっています。これはマダイもほぼ同じで、スケトウダラでは筋形質たんぱく質が13～18％と、さらに筋原線維たんぱく質が多くなります。

一方、赤身魚のカツオは筋原線維たんぱく質55％に対して、筋形質たんぱく質が41％と白身魚より多く、アジもほぼ同じです。

筋線維が多い白身魚の方が、生の状態では赤身魚よりも噛み切りにくく、加熱してたんぱく質がかたまると、逆にほぐれやすくなるのです（※1）。

こうした白身と赤身の違いが調理の違いに現れるのが「でんぶ」と「そぼろ」です。タラをでんぶにする場合、切り身を水煮してからさらしなどに包んで水の中でもみ洗いをします。このとき、筋形質たんぱく質などが水に溶けだし、さらしの中には筋原線維たんぱく質が残るので、調味して、から炒りすれば細やかな筋線維でふわふわとしたでんぶができあがります。カツオなどの赤身魚の場合は筋線維が少なくて細く、ほぐれにくいので、生の状態から調味して、から炒りし、ポロポロとしたそぼろをつくるのが普通です。

肉基質たんぱく質が少ないほど肉はやわらかです。魚肉は豚肉よりも

表　肉のたんぱく質の種類と割合

たんぱく質の種類		筋原線維たんぱく質	筋形質たんぱく質	肉基質たんぱく質
形状		線維状	球状	線維状
溶解性		塩溶性	水溶性	不溶性
代表的なたんぱく質		ミオシン アクチン	ミオグロビン ヘモグロビン	コラーゲン エラスチン
魚介類	タラ	76%	21%	3%
	カツオ	55%	41%	4%
	イカ	77～85%	10～20%	2～3%
肉類	豚肉	51%	20%	29%
	鶏肉	62%	33%	5%

＊季節的な変動や個体差があるので、数値は代表的なもの。（【※1】に加筆）

ずっとやわらかく、鶏肉は比較的魚肉に近くなっています（※2）。

●溶かしてかためて弾力を生む練り製品

練り製品も、たんぱく質の変性を利用した加工食品の一つです。魚肉の大部分を占める筋原線維たんぱく質は、真水には溶けませんが塩水に溶けます。魚肉に2～3%の食塩を加えてすりつぶすと、魚肉自身の水分と混ざり合い、筋原線維たんぱく質のミオシンとアクチンが溶けて結合してアクトミオシンに変化し、粘りけの強いすり身（ペースト）ができます。このペースト状になったすり身を加熱せずに放置しておくと、アクトミオシンがからまり合って網目構造をつくります。すると粘りけが弾力に変化し、プルプルとしたゲル状になります。この現象を〈すわり〉といいます。このすり身を加熱するとたんぱく質が変性して弾力のある練り製品になるのです（※3）。

練り製品の代表的なものとして、かまぼこがあります。地域によってかたさや形状が異なりますが、用いている原料魚の種類に応じて、つくりやすくおいしい方法が選ばれてきたのでしょう。エソ、グチ、ハモ、トビウオ、アジ、タチウオ、ヒラメなどが用いられています。また、北洋でとれるスケトウダラは、冷凍すり身として広く使われています。

すり身を加熱する方法も地域によってさまざまです。小田原かまぼこは蒸し加熱です。油で揚げる「さつま揚げ」は関東を中心にした地域での呼び名で、関西では「てんぷら」、鹿児島では「つけ揚げ」、沖縄では「チキアギ」と呼ばれています。

●コラーゲンをゼラチン化する煮こごり

本書に掲載されている岡山県の「げたの煮つけ（p45）」や和歌山県の「いがみの煮つけ（p30）」には、煮汁が冷めてできたゲル状のかたまり〈煮こごり〉を食べるとおいしいという説明があります。地域によっては、煮こごりそのものを目的とした料理もあります。奈良県の「えいの煮こごり（p51）」や新潟県の「さめのにこごり（p68）」などです。プルプルとして舌ざわりがよく、魚の旨みや調味料の味をしっかり含んだ煮こごりは、どうしてできるのでしょうか。

煮こごりとは、魚や鶏などが持つコラーゲンが加熱されて分解することで、温めると溶け、冷えるとかたまりやすいゼラチンに変化することでできる料理です。コラーゲンは肉基質たんぱく質の代表的な成分なので、これが多いほどゼラチンができやすくなります。しかし肉基質たんぱく質は赤身魚でも白身魚でも、魚肉のたんぱく質の2～5%程度含まれているだけであまり差がありません。

実際の料理では、煮つけなどは皮や骨も煮ています。これらの部位には筋肉以上にコラーゲンが含まれるので、それらが合わさってゼラチンとなっていると考えられます。

●高齢化社会への魚加工品の工夫

魚介類は天候の影響や海流の変化などで、一度に大量にとれることがあります。そのような場合、さまざまな加工方法を駆使して保存できるようにしてきました。また、内陸へ届けるためにも保存性を高めることが必要でした。そこで塩をふり干物にしたり、すり身にしてさまざまな練り製品がつくられてきました。

これら魚の加工食品は良質なたんぱく質の供給源なので積極的にとりたいのですが、食塩が添加されているので、多食は食塩の摂取増加につながり注意が必要です。また水分量を落とすので身が締まり、歯ごたえがあって高齢者には噛み切りにくい面がありました。

近年になって低温流通技術が発達し水分が比較的多い状態で保存できるようになったため、食べやすさの点は改良されてきました。

あるメーカーは、高齢者でも食べやすいようにメレンゲなどを混ぜたやわらかいかまぼこをつくり、介護食としての展開を開始しています。また、ゼラチンなどのゲル化剤を使い、ばらけやすい身を煮こごりのように包み、のど越しのよい料理をつくる工夫も行われています。さらに、高圧調理を用いれば骨までやわらかくなるので、たんぱく質源としてだけでなく、カルシウムなどの補給源にもなります。このような調理・加工の工夫が魚の積極的な摂取につながり、高齢化時代にふさわしい魚の新しい食べ方が生まれるでしょう。

【※1】鈴木たね子「赤身の魚と白身の魚」『調理科学』第9巻4号（日本調理科学会）（1976年）
【※2】下村道子『和食の魚料理のおいしさを探る』（成山堂書店）（2014年）
【※3】紀文のホームページ「練りもの教室」https://www.kibun.co.jp/knowledge/neri/data/hanpendata/（2020年）

調理科学の目2

淡水魚をおいしく食べる

堀越昌子（滋賀大学名誉教授）

表　滋賀県の淡水魚の料理法・加工法

	刺身・せごし	煮る	大豆煮	味噌汁・味噌煮	焼く	蒸す	ゆで	揚げ	鍋	酢・和え	炊込飯	丼物	干物	すし（早ずし）	発酵
アユ	○	◎	○		○		○	◎		○	○	○	○		○
フナ	◎	○		◎		◎		○							◎
モロコ	○	○		○	◎	○		◎		◎					◎
マス	◎	○		○	○	◎		○	○	○	○	○	○	○	○
コイ	◎	◎		○	○			○	○	◎		○		○	◎
ハス	◎	○		○	◎	○		○		○					○
ウグイ	○	◎		○	○			○		○					◎
オイカワ	○	○		○	○			○		○					◎
イサザ		◎	◎					○	○			○			○
ウナギ		○			◎	○		○	○		○	◎		○	
シジミ		◎	◎	◎				○		○	○				
エビ		◎	◎					◎		○					

稲作とともに根づいた食文化

世界の淡水魚介類のおよそ半分が稲作文化圏のアジアモンスーン圏に棲息しているといわれています。湖、ため池、河川、小川、水田など稲作と関連した水環境を棲息圏とする「魚」と「米」との組み合わせが、アジアモンスーン圏内の食生活を特徴づける柱となってきました。この圏内で淡水魚介類の加工技術、保存法、料理法が高度に発展してきました。

日本で最も生活圏に近い淡水魚といえば、川や湖にいるアユ、フナ、コイ、モロコ、ハエなどです。これらの淡水魚は海が近くにない地域の貴重なたんぱく質源、カルシウム給源となってきました。琵琶湖周辺では、コアユ、ホンモロコ、イサザを生魚で購入して、好みの味に炊きあげる文化が広範囲に残っています。表に滋賀県の淡水魚の料理法・加工法を示しました。表で「鍋」としているのは主にじゅんじゅん（すき焼き）です。肉だけでなく魚でもよくつくるのが特徴的です（p105参照）。また、乾燥や寒風が望めず、干物はコアユなどのじゃこが中心でした。

山椒、しょうが、梅干しに味噌

淡水魚は「臭みがある」、「生食できない」などと思いこまれている節がありますが、おいしさは海産魚に劣りません。ビワマスはマグロのトロよりおいしいといわれているほどです。小魚は山椒の葉や実、土しょうが、梅干しなどと一緒に煮つけます。春に採れる山椒の若葉であっさり煮つけた小鮎の山椒煮は絶品です。山椒の実はさっと湯がいて冷凍庫で保存しておけば年中使えますし、せん切りしょうが、梅干しも魚の味を引き立ててくれます。

淡水魚の刺身は、わさび醤油より辛子酢味噌が定番です。滋賀では「泥酢」と呼び、フナ、コイの洗い、なます、せごしに欠かせません（p92、108参照）。味噌が臭みをマスキングしてくれて、辛子と酢の刺激と合わせて、淡水魚の旨みを引き出してくれます。ハス（コイ科）は焼いて味噌田楽に、小ブナはふな味噌にして骨までいただきます。淡水魚料理に味噌は必須で決め手になっています。オコナイ（祈年祭など。p92参照）や春祭りのごちそうは味噌ベースで、ふなの子つけなますとふなのあら汁が登場します。

発酵食は祝いの食で滋養食

滋賀ではフナだけでなく、ウグイ、ハス、オイカワなど、あらゆる淡水魚をナレズシにします（p106参照）。鮮度が落ちやすい淡水魚をご飯と一緒に発酵させると、乳酸が腐敗菌を抑え、3日で腐る魚が1年間も持つようになります。ナレズシは祝いの席や祭りの神饌（しんせん）となり、また風邪の予防やお腹の調子を整えてくれる滋養食品として、滋賀県では長く愛されてきました。ひいき目かもしれませんが、淡水魚ナレズシは深みがあって本当においしいと思っています。

【参考文献】
滋賀の食事文化研究会編『湖魚と近江のくらし』サンライズ出版（2003年）
滋賀の食事文化研究会編『ふなずしの謎』サンライズ出版（1995年）
堀越昌子著「コイ・フナ・アユ—暮らしに身近な淡水魚の魚食文化」、藤井弘章編『日本の食文化4魚と肉』吉川弘文館（2019年）所収

都道府県別　掲載レシピ一覧

●1つが掲載レシピ1品を表します。

※項目ごとに五十音順。

海魚

川魚・川えび

魚加工品

貝・貝加工品、うに、ほや

卵

大豆・大豆加工品

野菜

その他の協力者一覧

本文中に掲載した協力者の方々以外にも、調査・取材・撮影等でお世話になった方々は各地にたくさんおいでです。ここにまとめて掲載し、お礼を申し上げます。（敬称略）

青森県　東青地域県民局地域農林水産部農業普及振興室、笹森得子

岩手県　小松テイ子、里見美香子

茨城県　阿部民子、馬上ちよ子、朝比奈秀子、鈴木キクエ

群馬県　一ノ瀬忠雄

石川県　かば焼きの浅田、穴水町政策調整課観光交流推進室

福井県　仁愛女子短期大学

長野県　土屋喜恵子

愛知県　佐藤玉枝、笹野明美、大内浪子、岡本千代子、鈴木都、鈴木茂子、前田栄子、若松街子、渡辺みさ子、川合紀代、辻孝子

岐阜県　渡邊智恵子、中島千寿子、高木喜代子、小栗幸子、松永光子、橋本美江子、渡邊智香

三重県　五十鈴塾

大阪府　久禮優子、川勝晴美、古谷泰啓・惇子、箕美佐子

奈良県　寺田秀子、片岡リヨ子

和歌山県　和歌山県西牟婁振興局・畑田京子、小山たきゑ、小山志津代、紀州日高漁業協同組合・志賀きよみ、上村順子、塩谷芳子、松村よう子

島根県　島根県食生活改善推進協議会、前田秀子、馬場モトエ、林信子、柴原康子、島根県立大学（平成29・30年度学術研究特別助成金）

岡山県　片山久美子

広島県　瀬戸内乾物生産卸

徳島県　川西伸枝、原田村美、兵崎幸枝、吉野喜子、寺内昭子、福井初恵、豊崎淑子

香川県　岩本和幸

愛媛県　近藤アケミ、近藤君子

高知県　松崎淳子、小松利子、岩目博子、次田敏幸

熊本県　森崎佐夜子、熊本県農林水産部農村振興局むらづくり課、熊本県上天草市経済振興部農林水産課

宮崎県　島田元子、黒木弘子

鹿児島県　節政伸子、瀧津俊二、薩摩川内市下甑支所

著作委員一覧

「伝え継ぐ 日本の家庭料理」

（2020年4月1日現在）

北海道　菅原久美子（元札幌国際大学短期大学部）／菊地和美（藤女子大学）／坂本恵（札幌保健医療大学）／木下教子（北翔大学）／土屋律子（元北翔大学）／藤本真奈美（光塩学園女子短期大学）／村上知子（元北海道教育大学）／山口敦子（天使大学）／佐藤恵（光塩学園女子短期大学）／伊木亜子（函館短期大学）／畑井朝子（元函館短期大学）／宮崎早花（酪農学園大学）／田中ゆかり（光塩学園女子短期大学）

青森県　北山育子（東北女子短期大学）／安田智子（東北女子短期大学）／真野由紀子（東北女子短期大学）／熊谷貴子（青森県立保健大学）／今井美和子（東北栄養専門学校）／澤田千晴（東北女子短期大学）／下山春香（元東北女子短期大学）

岩手県　髙橋秀子（修紅短期大学）／長坂慶子（岩手県立大学盛岡短期大学部）／魚住恵（元岩手県立大学盛岡短期大学部）／菅原悦子（元岩手大学）／村元美代（盛岡大学）／渡邉美紀子（修紅短期大学）／冨岡佳奈絵（修紅短期大学）／佐藤佳織（修紅短期大学）／阿部真弓（修紅短期大学）／松本絵美（岩手県立大学盛岡短期大学部）／岩本佳恵（岩手県立大学盛岡短期大学部）

宮城県　高澤まき子（仙台白百合女子大学）／野田奈津実（尚絅学院大学）／和泉眞喜子（尚絅学院大学）／宮下ひろみ（東都大学）／濟渡久美（尚絅学院大学）／矢島由佳（仙台白百合女子大学）

秋田県　高山裕子（聖霊女子短期大学）／熊谷昌則（秋田県総合食品研究センター）／長沼誠子（元秋田大学）／山田節子（元聖霊女子短期大学）／三森一司（聖霊女子短期大学）／髙橋徹（秋田県総合食品研究センター）／逸見洋子（元秋田大学）／大野智子（青森県立保健大学）／駒場千佳子（女子栄養大学）

山形県　齋藤寛子（山形県立米沢栄養大学）／宮地洋子（東北生活文化大学短期大学部）／平尾和子（愛国学園短期大学）／佐藤恵美子（元新潟県立大学）

福島県　加藤雅子（郡山女子大学短期大学部）／會田久仁子（郡山女子大学短期大学部）／中村恵子（福島大学）／柳沼和子（郡山女子大学）／津田和加子（桜の聖母短期大学）／福永淑子（文教大学）／阿部優子（元郡山女子大学短期大学部）

茨城県　渡辺敦子（元茨城キリスト教大学）／荒田玲子（常磐大学）／吉田恵子（晃陽看護栄養専門学校）／石島恵美子（茨城大学）／飯村裕子（常磐大学）／野口元子

栃木県　名倉秀子（十文字学園女子大学）／藤田睦（佐野日本大学短期大学）

群馬県　綾部園子（高崎健康福祉大学）／堀口恵子（東京農業大学）／神戸美恵子（桐生大学）／阿部雅子（東都大学）／高橋雅子（明和学園短期大学）／永井由美子（群馬調理師専門学校）／渡邉静（明和学園短期大学）

埼玉県　島田玲子（埼玉大学）／河村美穂（埼玉大学）／土屋京子（東京家政大学）／加藤和子（東京家政大学）／成田亮子（東京家政大学）／名倉秀子（十文字学園女子大学）／木村靖子（十文字学園女子大学）／松田康子（女子栄養大学）／駒場千佳子（女子栄養大学）／徳山裕美（帝京短期大学）

千葉県　渡邊智子（淑徳大学）／柳沢幸江（和洋女子大学）／今井悦子（聖徳大学）／石井克枝（元千葉大学）／中路和子／梶谷節子／大竹由美

東京都　加藤和子（東京家政大学）／宇和川小百合（東京家政大学）／赤石記子（東京家政大学）／伊藤美穂（東京栄養食糧専門学校）／色川木綿子（東京家政大学）／大久保洋子（元実践女子大学）／香西みどり（お茶の水女子大学）／佐藤幸子（実践女子大学）／白尾美佳（実践女子大学）／成田亮子（東京家政大学）

神奈川県　櫻井美代子（東京家政学院大学（非））／大越ひろ（元日本女子大学）／増田真祐美（成立学園高等学校）／大迫早苗（相模女子大学短期大学部）／酒井裕子（相模女子大学）／清絢／小川暁子（神奈川県農業技術センター）／河野一世（奈良食と農の魅力創造国際大学校）／津田淑江（元共立女子短期大学）

新潟県　佐藤恵美子（元新潟県立大学）／太田優子（新潟県立大学）／立山千草（新潟県立大学）／山口智子（新潟大学）／伊藤直子（元新潟医療福祉大学）／玉木有子（大妻女子大学）／伊藤知子（新潟県栄養士会）／小谷スミ子（元新潟大学）／山田チヨ（新潟県栄養士会）／松田トミ子（新潟県栄養士会）／長谷川千賀子（悠久山栄養調理専門学校）／渡邊智子（淑徳大学）

富山県　深井康子（富山短期大学（非））／守田律子（元富山短期大学）／原田澄子（金沢学院短期大学）／稗苗智恵子（富山短期大学）／中根一恵（富山短期大学）

石川県　新澤祥恵（北陸学院大学短期大学部）／川村昭子（元金沢学院短期大学）／中村喜代美（北陸学院大学短期大学部（非））

福井県　佐藤真実（仁愛大学）／森恵見（仁愛女子短期大学）／谷洋子（元仁愛大学）／岸松静代（元仁愛女子短期大学）

山梨県　時友裕紀子（山梨大学）／柘植光代（元日本女子大学）／阿部芳子

（元相模女子大学）／松本美鈴（大妻女子大学）／坂口奈央（山梨県立北杜高等学校）

長野県　中澤弥子（長野県立大学）／吉岡由美（元長野県短期大学）／高崎禎子（信州大学）／小木曽加奈（長野県立大学）／小川晶子（長野県立大学）

岐阜県　堀光代（岐阜市立女子短期大学）／西脇泰子（元岐阜聖徳学園大学短期大学部）／長屋郁子（岐阜市立女子短期大学）／坂野信子（東海学園大学（非））／木村孝子（東海学院大学）／辻美智子（名古屋女子大学）／横山真智子（各務原市立桜丘中学校）／山根沙季（中京学院大学短期大学部）／長野宏子（元岐阜大学）

静岡県　新井映子（静岡県立大学）／高塚千広（東海大学短期大学部）／市川陽子（静岡県立大学）／伊藤聖子（静岡県立大学）／神谷紀代美（浜松調理菓子専門学校）／川上栄子（元常葉大学）／清水洋子（元静岡英和学院大学短期大学部）／竹下温子（静岡大学）／中川裕子（実践女子大学）／村上陽子（静岡大学）

愛知県　西堀すき江（元東海学園大学）／小出あつみ（名古屋女子大学）／近藤みゆき（名古屋文理大学短期大学部）／石井貴子（名古屋文理大学短期大学部）／小濱絵美（名古屋文理大学短期大学部）／加藤治美（元名古屋文理栄養士専門学校）／山内知子（元名古屋女子大学）／松本貴志子（元名古屋女子大学短期大学部）／間宮貴代子（名古屋女子大学）／伊藤正江（至学館大学）／森山三千江（愛知学泉大学）／山本淳子（愛知学泉短期大学）／野田雅子（愛知淑徳大学（非））／廣瀬朋香（元東海学園大学）／亥子紗世（元東海学園大学）／筒井和美（愛知教育大学）／羽根千佳（元東海学園大学）

三重県　磯部由香（三重大学）／飯田津喜美（三重短期大学）／水谷令子（元鈴鹿大学）／成田美代（元三重大学）／平島円（三重大学）／久保さつき（鈴鹿大学）／鷲見裕子（高田短期大学）／乾陽子（鈴鹿大学短期大学部）／駒田聡子（皇學館大学）／阿部稚里（三重短期大学）／奥野元子（元島根県立大学短期大学部）／萩原範子（元名古屋学芸大学短期大学部）／小長谷紀子（安田女子大学）

滋賀県　中平真由巳（滋賀短期大学）／山岡ひとみ（滋賀短期大学）／石井裕子（武庫川女子大学（非））／小西春江（園田学園女子大学短期大学部）／久保加織（滋賀大学）／堀越昌子（元滋賀大学）

京都府　豊原容子（京都華頂大学）／桐村ます美（元成美大学短期大学部）／河野篤子（京都女子大学）／坂本裕子（京都華頂大学）／福田小百合（京都文教短期大学）／米田泰子（元京都ノートルダム女子大学）

大阪府　東根裕子（甲南女子大学）／八木千鶴（千里金蘭大学）／阪上愛子（元堺女子短期大学）／澤田参子（元奈良文化女子短期大学）／原知子（滋賀短期大学）／山本悦子（元大阪夕陽丘学園短期大学）

兵庫県　田中紀子（神戸女子大学）／片寄眞木子（元神戸女子短期大学）／坂本薫（兵庫県立大学）／富永しのぶ（兵庫大学）／本多佐知子（金沢学院短期大学）／中谷梢（関西福祉科学大学）／作田はるみ（神戸松陰女子学院大学）／原知子（滋賀短期大学）

奈良県　喜多野宣子（大阪国際大学）／志垣瞳（元帝塚山大学）／三浦さつき（奈良佐保短期大学）／島村知歩（奈良佐保短期大学）

和歌山県　青山佐喜子（大阪夕陽丘学園短期大学）／三浦加代子（園田学園女子大学）／川原崎淑子（元園田学園女子大学）／橘ゆかり（神戸松蔭女子学院大学）／川島明子（園田学園女子大学）／千賀靖子（元樟蔭東短期大学）

鳥取県　松島文子（元鳥取短期大学）／板倉一枝（鳥取短期大学）

島根県　石田千津恵（島根県立大学）／藤江未沙（松江栄養調理製菓専門学校）

岡山県　藤井わか子（美作大学短期大学部）／青木三恵子（高知大学（客））／小川眞紀子（ノートルダム清心女子大学）／槇尾幸子（元中国学園大学）／大野婦美子（元くらしき作陽大学）／藤堂雅恵（研）（美作大学）／人見哲子（美作大学）／新田陽子（岡山県立大学）／我如古菜月（福山大学）／加賀田江里（中国短期大学）／藤井久美子（山陽学園大学）

広島県　岡本洋子（広島修道大学）／村田美穂子（広島文化学園短期大学）／渡部佳美（広島女学院大学）／石井香代子（福山大学）／奥田弘枝（元広島女学院大学）／海切弘子（広島文化学園短期大学）／上村芳枝（元比治山大学）／木村留美（広島国際大学）／渕上倫子（元福山大学）／前田ひろみ（広島文化学園短期大学）／木村安美（九州大学）／塩田良子（広島文教大学）／政田圭子（元鈴峯女子短期大学）／小長谷紀子（安田女子大学）／山口享子（中国学園大学（嘱））／北林佳織（比治山大学）

山口県　五島淑子（山口大学）／園田純子（山口県立大学）／池田博子（元西南女学院大学短期大学部）／櫻井菜穂子（宇部フロンティア大学短期大学部）／廣田幸子（山陽学園短期大学）／福田翼（水産大学校）／山本由美（元池坊短期大学）／森永八江（山口大学）

徳島県　高橋啓子（四国大学）／金丸芳（徳島大学）／松下純子（徳島文理大学短期大学部）／長尾久美子（徳島文理大学短期大学部）／近藤美樹（徳島文理大学）／後藤月江（四国大学短期大学部）／三木章江（四国大学短期大学部）／川端紗也花（四国大学）／坂井真奈美（徳島文理大学短期大学部）

香川県　次田一代（香川短期大学）／加藤みゆき（元香川大学）／川染節江（元明善短期大学）／村川みなみ（香川短期大学）／渡辺ひろ美（香川短期大学）

愛媛県　亀岡恵子（松山東雲短期大学）／宇高順子（愛媛大学）／香川実恵子（松山東雲女子大学（非））／武田珠美（熊本大学）／皆川勝子（松山東雲短期大学）

高知県　小西文子（東海学院大学）／五藤泰子（高知学園短期大学（非））／野口元子／福留奈美（東京聖栄大学）

福岡県　三成由美（中村学園大学）／松隈美紀（中村学園大学）／宮原葉子（中村学園大学）／入来寛（中村学園大学）／御手洗早也伽（中村学園大学）／熊谷奈々（中村学園大学）／大仁田あずさ（元中村学園大学）／八尋美希（近畿大学九州短期大学）／秋永優子（福岡教育大学）／川島年生（中村学園大学（非））／新冨瑞生（九州女子大学）／末田和代（元精華女子短期大学）／楠瀬千春（九州栄養福祉大学）／仁後亮介（中村学園大学短期大学部）／吉岡慶子（元中村学園大学）／猪田和代（太刀洗病院）／山本亜衣（九州女子大学）

佐賀県　西岡征子（西九州大学短期大学部）／副島順子（元西九州大学）／武富和美（西九州大学短期大学部）／萱島知子（佐賀大学）／成清ヨシヱ（元西九州大学短期大学部）／橋本由美子（西九州大学短期大学部（非））

長崎県　冨永美穂子（広島大学）／久木野睦子（活水女子大学）／石見百江（長崎県立大学）

熊本県　秋吉澄子（尚絅大学短期大学部）／北野直子（元熊本県立大学）／戸次元子（老健施設もやい館）／川上育代（尚絅大学）／原田香（尚絅大学短期大学部）／中嶋名菜（熊本県立大学）／小林康子（尚絅大学短期大学部）／柴田文（尚絅大学短期大学部）

大分県　西澤千恵子（元別府大学）／篠原壽子（元東九州短期大学）／立松洋子（元別府大学短期大学部）／望月美左子（別府溝部学園短期大学）／高松伸枝（別府大学）／宇都宮由佳（学習院女子大学）／山嵜かおり（東九州短期大学）／麻生愛子（東九州短期大学）

宮崎県　篠原久枝（宮崎大学）／長野宏子（元岐阜大学）／磯部由香（三重大学）／秋永優子（福岡教育大学）

鹿児島県　木之下道子（鹿児島純心女子大学）／木下朋美（鹿児島県立短期大学）／進藤智子（鹿児島純心女子短期大学）／山﨑歌織（鹿児島女子短期大学）／木戸めぐみ（鹿児島女子短期大学）／大倉洋代（鹿児島女子短期大学（非））／大富あき子（東京家政学院大学）／大山典子（鹿児島純心女子短期大学）／新里葉子（鹿児島純心女子大学）／福元耐子（鹿児島純心女子大学）／山下三香子（鹿児島県立短期大学）／大富潤（鹿児島大学）／竹下温子（静岡大学）／千葉しのぶ（鹿児島女子短期大学）／久留ひろみ／森中房枝（元鹿児島純心女子大学）

沖縄県　田原美和（琉球大学）／森山克子（元琉球大学）／我那覇ゆりか（沖縄大学）／大城まみ（琉球大学）／名嘉裕子（デザイン工房美南海）

いさざをとる（石川県穴水町）　写真／長野陽一

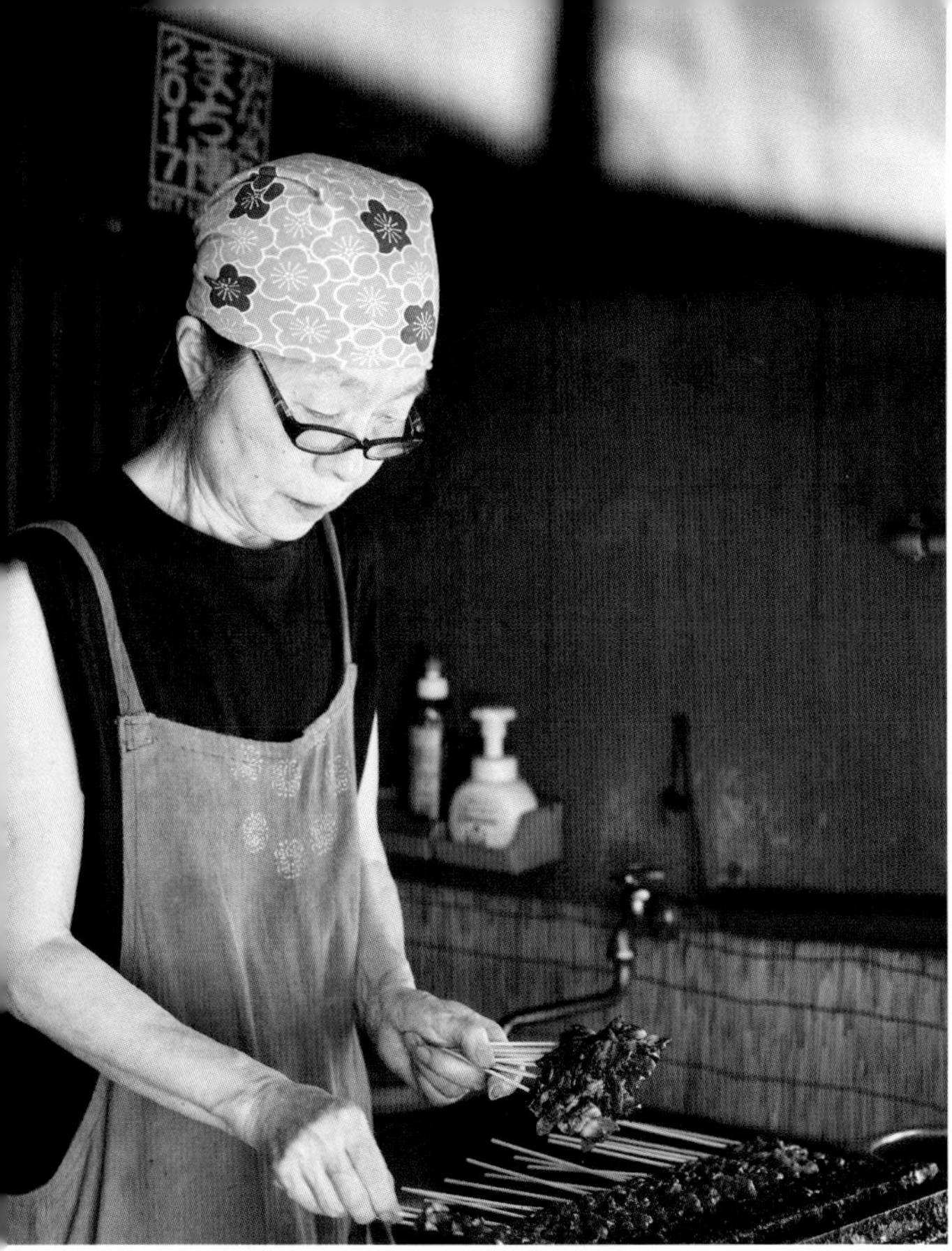

左上から右へ、どじょうのかば焼き（石川県金沢市）、仁淀川（高知県）、いがみの煮つけを煮ザルでとり出す（和歌山県田辺市）、鮭とたけのこのすしをつくる（青森県今別町）、しばずしをとり分ける（広島県尾道市因島）、磯もんを拾う（和歌山県御坊市）、川えびをとる（高知県仁淀川）　写真／長野陽一、高木あつ子、五十嵐公

全集

伝え継ぐ 日本の家庭料理

魚のおかず

地魚・貝・川魚など

2020年11月10日　第1刷発行

企画・編集

一般社団法人 日本調理科学会

発行所

一般社団法人 農山漁村文化協会
〒107-8668 東京都港区赤坂7-6-1
☎ 03-3585-1142（営業）
☎ 03-3585-1145（編集）
FAX 03-3585-3668
振替 00120-3-144478
http://www.ruralnet.or.jp/

アートディレクション・デザイン

山本みどり

制作

株式会社 農文協プロダクション

印刷・製本

凸版印刷株式会社

<検印廃止>
ISBN978-4-540-19187-9

本扉裏写真／高木あつ子（新潟県・塩引き鮭）
扉写真／五十嵐公（p5）、長野陽一（p23、61、90）、高木あつ子（p37、77）

本書は「別冊うかたま」2020年6月号を書籍化したものです。

「伝え継ぐ 日本の家庭料理」出版にあたって

一般社団法人 日本調理科学会では、2000年度以来、「調理文化の地域性と調理科学」をテーマにした特別研究に取り組んできました。2012年度からは「次世代に伝え継ぐ 日本の家庭料理」の全国的な調査研究をしています。この研究では地域に残されている特徴ある家庭料理を、聞き書き調査により地域の暮らしの背景とともに記録しています。

こうした研究の蓄積を活かし、「伝え継ぐ 日本の家庭料理」の刊行を企図しました。全国に著作委員会を設置し、都道府県ごとに40品の次世代に伝え継ぎたい家庭料理を選びました。その基準は次の2点です。

①およそ昭和35年から45年までに地域に定着していた家庭料理

②地域の人々が次の世代以降もつくってほしい、食べてほしいと願っている料理

そうして全国から約1900品の料理が集まりました。それを、「すし」「野菜のおかず」「行事食」といった16のテーマに分類して刊行するのが本シリーズです。日本の食文化の多様性を一覧でき、かつ、実際につくることができるレシピにして記録していきます。ただし、紙幅の関係で掲載しきれない料理もあるため、別途データベースの形ですべての料理の情報をさまざまな角度から検索し、家庭や職場、研究等の場面で利用できるようにする予定です。

日本全国47都道府県、それぞれの地域に伝わる家庭料理の味を、つくり方とともに聞き書きした内容も記録することは、地域の味を共有し、次世代に伝え継いでいくことにつながる大切な作業と思っています。読者の皆さんが各地域ごとの歴史や生活習慣にも思いをはせ、それらと密接に関わっている食文化の形成に対する共通認識のようなものが生まれることも期待してやみません。

日本調理科学会は2017年に創立50周年を迎えました。本シリーズを創立50周年記念事業の一つとして刊行することが日本の食文化の伝承の一助になれば、調査に関わった著作委員はもちろんのこと、学会として望外の喜びとするところです。

2017年9月1日

一般社団法人 日本調理科学会　会長　香西みどり

＊なお、本シリーズは聞き書き調査に加え、地域限定の出版物や非売品の冊子を含む多くの文献調査を踏まえて執筆しています。これらのすべてを毎回列挙することは難しいですが、今後別途、参考資料の情報をまとめ、さらなる調査研究の一助とする予定です。

<日本調理科学会 創立50周年記念出版委員会>

委員長	香西みどり（お茶の水女子大学教授）
委　員	石井克枝（千葉大学名誉教授）
同	今井悦子（聖徳大学教授）
同	真部真里子（同志社女子大学教授）
同	大越ひろ（日本女子大学名誉教授）
同	長野宏子（岐阜大学名誉教授）
同	東根裕子（甲南女子大学准教授）
同	福留奈美（東京聖栄大学准教授）